KB275869

新 감각 초급일본어

# NEW TOP JAPANESE

●監修 今井幹夫 ●共著 三木寿々恵・佐藤丈夫・中原理沙・박정희・송미혜

　　신감각 초급 일본어 Top Japanese(1&2)는 한국에서는 처음으로 시사일본어사가 일본 국서간행회, IJ일본어학교와 공동 개발한 일본어 교재입니다. 1995년에 출판된 이후 수많은 독자들의 사랑에 감사의 마음을 담아, 시대 흐름에 맞춰 내용을 수정 · 보완하여 2003년 New Top Japanese(1&2)를 만들었습니다.

　　그리고 2006년, 참신하고 톡톡튀는 삽화로 전면적으로 바꾼 또 하나의 새로운 New Top Japanese(1&2)가 태어났습니다.

　　한국에서 일본어 교육이 시작된 이래, 그 동안 많은 교재들이 선을 보였고 각각 나름대로의 장점과 특징을 갖고 있습니다. 또한 서로 다른 교수법과 이론에 따라 일본에서도 새로운 교재들이 속속 등장하여 한국에도 많이 소개되었습니다. 그럼에도 불구하고, 정작 일선에서 가르치고 있는 한국인 강사 여러분 사이에서는 가르치기 쉽고 배우기 쉬운 교재는 거의 없다는 의견이 끊이지 않았습니다.

　　일본어 그 자체에 대한 연구라면, 일본인 강사나 연구자가 한국 사람보다 월등할 수 있어도, 외국어 교재의 효능은 그것이 사용되는 나라의 언어 · 문법 구조나 그 나라 국민의 정서와 밀접한 관계가 있다고 봅니다. 즉, 영어권이나 중국어권의 학습자와 한국의 학습자에게 좋은 교재는 서로 다를 수 있다는 것입니다. 이 점에 주목하여, 우리는 한국어와 한국인의 정서를 살려, 한국에서 일본어를 배우는 한국인 학습자들을 위한 새로운 일본어 교재를 만들기로 했습니다.

　　외국어를 배우는 목적이 읽고 쓰기에서 듣고 말하기로 비중이 옮겨지고 있고, 국제화 · 세계화 시대에, 일본어 역시 듣고 말하는 기능이 중요시되고 있습니다. 그러나 처음부터 무턱대고 많은 시간을 들여 회화 학습을 한다고 해서 금방 일본어를 자유자재로 구사할 수 있게 되는 것은 아닙니다. 성인이 된 학습자들이 외국어인 일본어를 배우는 것이므로 먼저 일본어의 기본적인 틀과 사용법칙을 익히는 것이 효과적이고 합리적입니다. 그 후에 각자의 필요와 목적에 맞는 학습을 해 나가면 궁극적인 목표인 듣기와 말하기도 자기 것이 될 수 있습니다.

이 교재는 강의를 전제로 일본어의 기본 문법과 문형을 난이도 순으로 배열하고, 강사 여러분의 적극적이고 창의적인 지도에 따라 일본어의 기본틀과 사용방법이 학습자들에게 잘 전수될 수 있도록 궁리했습니다.

또한 New Top Japanese(1&2)에서는 가르치기 쉬운 교재를 만들기 위해 현장의 목소리와 강사 여러분의 의견을 듣고 종합하여,

① 1 · 2권의 과 구성과 문법 배열을 재조정하면서
② 시대에 뒤떨어지는 단어나 표현은 과감히 없애고 신감각의 표현으로 수정하였습니다.
③ 배우기 쉬운 교재가 되기 위해서 재미있으면서도 현실감 있는 토픽의 짧은 본문에
④ 새로이 올컬러 삽화를 곁들여 이해를 높였으며
⑤ 등장인물들이 일상 생활과 밀접한 대화를 이끌어가므로 자연스러운 회화를 습득할 수 있습니다.

New Top Japanese(1&2)가 가르치기 쉽고 배우기 쉬운 교재로 거듭날 수 있도록 꼼꼼히 수정해 주신 나카하라 리사(中原理沙) 선생님께 깊은 감사를 드리며, 저희 저자들은 이 New Top Japanese(1&2)를 여러분의 관심어린 충고와 가르침을 받아 앞으로도 계속 좋은 교재로 수정 · 보완해 나가겠습니다.

저자 씀

# 구성

**1**  1권은 26과, 2권은 25과로 되어 있다.

**2**  1시간 수업을 1회로 삼았을 때, 1·2권 각 40회(2개월 코스) 또는 60회(3개월 코스)의 수업을 할 수 있다.

**3**  교재의 맨 앞 부분에 실려 있는 〈인사말〉과 〈수업할 때 쓰는 말〉은 학습자가 문법에 관계없이 외워서 강사의 말을 알아들을 수 있도록 지도한다.

**4**  일본어의 발음과 문자·히라가나·가타카나 익히기를 1권의 제 1·2과로 실었다. 1권의 내용은 발음과 쓰기에서 시작하여 형용사, 형용동사(ナ형용사), 동사, 조동사 등의 기본 활용과 표현(과거형·음편형 포함), 수사, 존재, 권유, 의향, 희망, 의견, 보통체(plain form)의 활용, 허가, 잘하고 못함 등의 표현이다.

**5**  2권에서는 1권의 내용을 토대로 추측, 경험, 이유, 양태, 가능, 전문, 수수, 피동, 사동, 경어 표현 등으로 구성되어 있다.

## 각 과의 구성

**1**  1권의 제 1·2과는 발음과 글자 쓰기를 연습할 수 있도록 구성되어 있다.

**2**  1권의 제 3과 이후부터 2권의 25과까지의 구성은 다음과 같다.

① **Key Expression**  각 과의 중요 문법사항과 문형 제시

② **본문**  각 과 문법사항과 문형을 중심으로 초급 일본어의 필수 어휘를 사용하여 15~20행 미만으로 구성

③ **Language Focus**  (드릴, 관련 어휘) 강사가 자유롭게 활동할 수 있도록 문법 설명은 생략하고 예문과 관련 어휘를 제시

④ **Training**  (연습문제) 그림을 사용한 문제를 많이 수록함

⑤ **Kotoba Bank**  (단어·어구 풀이) 새로 나온 단어의 뜻풀이

⑥ **Japanese Box**  수업 중에 다룰 필요는 없고 학습자가 혼자서 읽어도 되는 내용

# 차례

머리말

New Top Japanese(1&2)의 구성

인사말 · 수업할 때 쓰는 말

등장 인물

**1**

おはようございます。(아침 인사)
오 하 요- 고 자 이 마 스

こんにちは。(점심 인사)
곤　니 치 와

こんばんは。(저녁 인사)
곰　　방　와

안녕하세요.

**2**

ありがとうございます。
아 리 가 토- 고 자 이 마 스

고맙습니다(감사합니다).

**3**

すみません(すいません)。
스 미 마 셍　스 이 마 셍

미안합니다.

＊ ん은 발음에 가깝게 표기하였음.

# 수업할 때 쓰는 말 CD2

**1** では、はじめましょう。
데 와　하지메마 쇼-

**1** 자, (수업을) 시작합시다.

**2** ～さん、よんで／こたえて　ください。
상　욘 데　고 타에떼　구 다 사 이

**2** ～씨, 읽어／대답해　주세요.

**3** もう　いちど　よんで／いって　ください。
모-　이치도　욘 데　잇 떼　구 다 사 이

**3** 다시 한 번　읽어／말해　주세요.

**4** よく　できました。
요꾸　데 키 마 시 타

**4** 잘 하셨습니다.

**5** みなさん、わかりましたか。
미나 상　와 까리마시타 까

→ はい、わかりました。
하이　와 까리마시타

→ いいえ、よく　わかりません。
이-에　요꾸　와 까리마 셍

**5** 여러분, 아셨습니까?

→ 네, 알겠습니다.

→ 아니요, 잘 모르겠습니다.

**6** きょうは　ここまで。
쿄-　와　고 꼬마 데

**6** 오늘은 여기까지.

* ん은 발음에 가깝게 표기하였음.

# 등장 인물

キム
(会社員)

木村
(き むら)
(会社員)

パク
(主婦)

イー
(大学生 [留学生])

佐藤
(さ とう)
(大学生)

ハン
(大学新入生
[留学生])

高橋
(たか はし)
(会社員)

田中
(た なか)
(大学の日本語の先生)

鈴木
(す ず き)
(会社の社長)

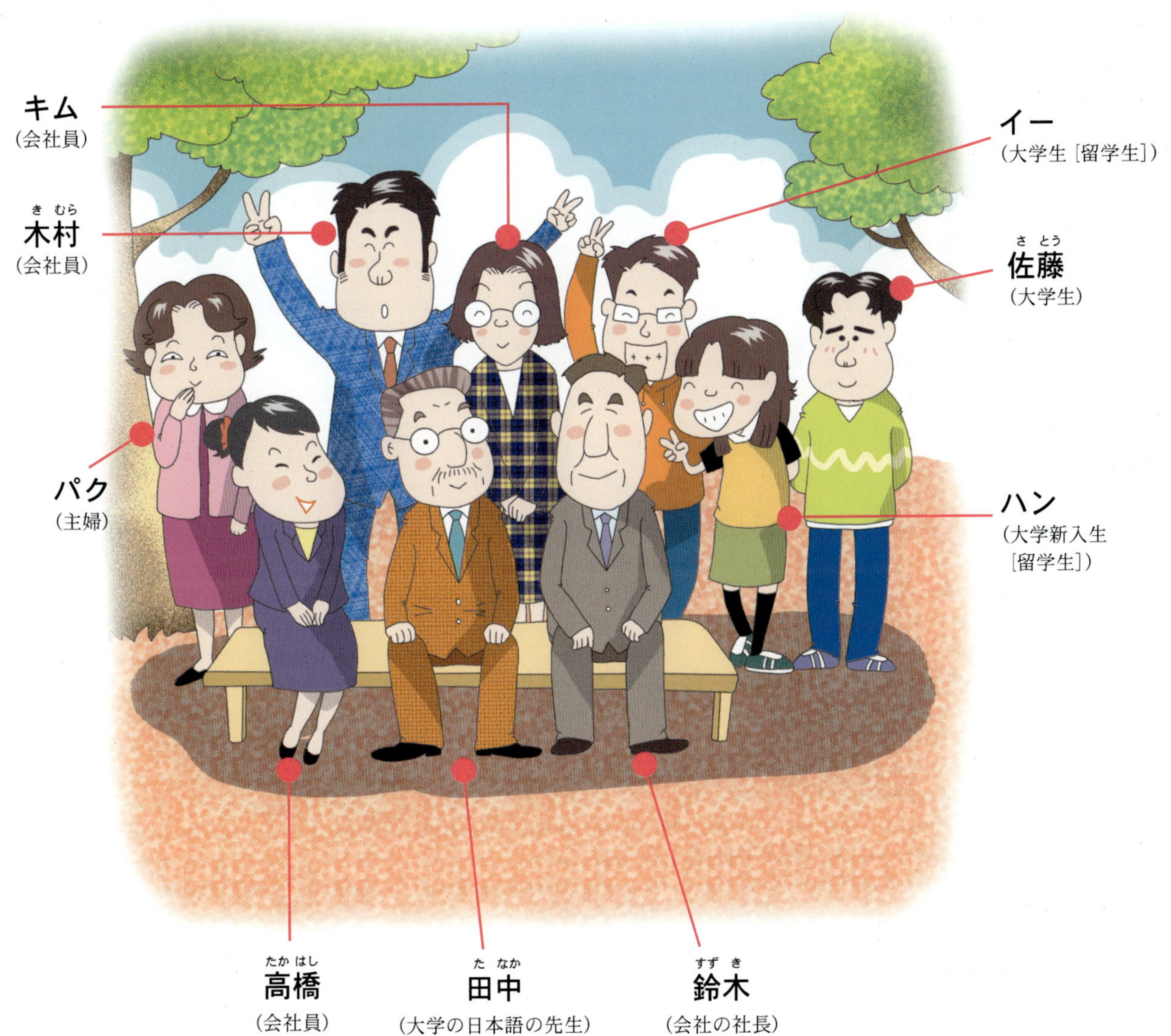

# 발음과 글자 I



## 1 오십음도(五十音図)와 발음

### 1) 일본어의 글자

① 히라가나(平仮名 | ひらがな)

② 가타카나(片仮名 | カタカナ)

③ 한자(漢字)

## 2) 오십음도(히라가나 | ひらがな)

| 단　행 | あ | か | さ | た | な | は | ま | や | ら | わ | |
|---|---|---|---|---|---|---|---|---|---|---|---|
| **あ** | あ<br>a | か<br>ka | さ<br>sa | た<br>ta | な<br>na | は<br>ha | ま<br>ma | や<br>ya | ら<br>ra | わ<br>wa | ん<br>n |
| **い** | い<br>i | き<br>ki | し<br>shi | ち<br>chi | に<br>ni | ひ<br>hi | み<br>mi | (い)<br>(i) | り<br>ri | (い)<br>(i) | |
| **う** | う<br>u | く<br>ku | す<br>su | つ<br>tsu | ぬ<br>nu | ふ<br>hu | む<br>mu | ゆ<br>yu | る<br>ru | (う)<br>(u) | |
| **え** | え<br>e | け<br>ke | せ<br>se | て<br>te | ね<br>ne | へ<br>he | め<br>me | (え)<br>(e) | れ<br>re | (え)<br>(e) | |
| **お** | お<br>o | こ<br>ko | そ<br>so | と<br>to | の<br>no | ほ<br>ho | も<br>mo | よ<br>yo | ろ<br>ro | を<br>wo | |

## 3) 일본어의 발음

① 청음(清音)

② 탁음(濁音) · 반탁음(半濁音)

③ 요음(拗音)

④ 촉음(促音)

⑤ 발음(撥音)

⑥ 장음(長音)

## **2** 청음·탁음·반탁음

### 1) 청음(清音) CD3

| あ행 | あ | い | う | え | お |
| --- | --- | --- | --- | --- | --- |

あい｜사랑　あう｜만나다　あおい｜파랗다　※いい｜좋다　いえ｜집
うえ｜위　え｜그림　おい｜남자 조카　※ p.22 장음 부분을 참조하세요.

| か행 | か | き | く | け | こ |
| --- | --- | --- | --- | --- | --- |

かお｜얼굴　あか｜빨강　きく｜국화/듣다　えき｜역　くい｜말뚝
いく｜가다　け｜털　いけ｜연못　ここ｜여기　かこ｜과거

| さ행 | さ | し | す | せ | そ |
| --- | --- | --- | --- | --- | --- |

さく｜피다　あさ｜아침　かさ｜우산　しお｜소금　すし｜초밥　いす｜의자
せき｜자리　そこ｜거기

| た행 | た | ち | つ | て | と |
| --- | --- | --- | --- | --- | --- |

たかい｜높다　うた｜노래　ちち｜아버지　くち｜입　つち｜땅, 흙　あつい｜덥다
て｜손　※かてい｜가정　とき｜때　おと｜소리　※ p.22 장음 부분을 참조하세요.

| な행 | な | に | ぬ | ね | の |
| --- | --- | --- | --- | --- | --- |

なな｜일곱　あなた｜당신　さかな｜생선　にく｜고기　ぬく｜뽑다　いぬ｜개
ねこ｜고양이　のき｜처마

**は행** | は | ひ | ふ | へ | ほ

はは | 어머니　はち | 여덟　はな | 코/꽃　ひと | 사람　あさひ | 아침 해　ふね | 배

※へいたい | 군대　ほし | 별　※ p.22 장음 부분을 참조하세요.

**ま행** | ま | み | む | め | も

まね | 흉내　なまえ | 이름　みみ | 귀　うみ | 바다　むすこ | 아들　むすめ | 딸

め | 눈　もち | 떡

**や행** | や | ゆ | よ

やま | 산　やくそく | 약속　ゆめ | 꿈　ゆき | 눈　よむ | 읽다

よこはま | 요코하마(지명)

**ら행** | ら | り | る | れ | ろ

らく | 편안함　りす | 다람쥐　るす | 집에 없음　さる | 원숭이　※れいか | 영하

これ | 이것　※ろうか | 복도　くろい | 검다　※ p.22 장음 부분을 참조하세요.

**わ행** | わ | を

わいろ | 뇌물　わかい | 젊다　わたし | 나/저　わるい | 나쁘다　かわ | 강

にわ | 정원　わいろを | 뇌물을　わたしを | 나를

**ん** | ん

▽おんがく | 음악　おんな | 여자　▽かんじ | 한자　けんか | 싸움　さんま | 꽁치

▽しんぶん | 신문　▽ p.17 탁음과 반탁음 부분을 참조하세요.

## 쓰기연습

① こんにちは

② すみません



③ しつれいします



④ また、あした



⑤ みなさん、こんにちは

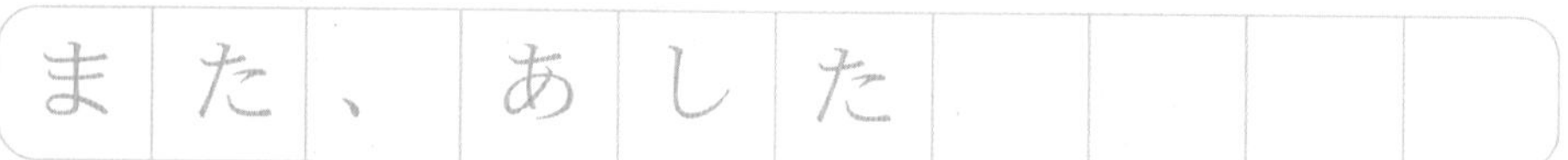


⑥ せんせい、こんにちは

## 2) 탁음(濁音)과 반탁음(半濁音)

| 단＼행 | あ | か | さ | た | な | は | ま | や | ら | わ | |
|---|---|---|---|---|---|---|---|---|---|---|---|
| **あ** | あ | か | さ | た | な | は | ま | や | ら | わ | ん |
| **い** | い | き | し | ち | に | ひ | み | (い) | り | (い) | |
| **う** | う | く | す | つ | ぬ | ふ | む | ゆ | る | (う) | |
| **え** | え | け | せ | て | ね | へ | め | (え) | れ | (え) | |
| **お** | お | こ | そ | と | の | ほ | も | よ | ろ | を | |

▼

| 탁음 | | | | 반탁음 |
|---|---|---|---|---|
| が행 | ざ행 | だ행 | ば행 | ぱ행 |
| が | ざ | だ | ば | ぱ |
| ぎ | じ | ぢ | び | ぴ |
| ぐ | ず | づ | ぶ | ぷ |
| げ | ぜ | で | べ | ぺ |
| ご | ぞ | ど | ぼ | ぽ |

CD4

| が행 | が | | ぎ | | ぐ | | げ | | ご | |

がいこく | 외국　かがみ | 거울　ぎむ | 의무　かぎ | 열쇠　ぐあい | 형편

すぐ | 곧　げた | 나막신　ひげ | 수염　ごみ | 쓰레기　ごご | 오후

| ざ행 | ざ | | じ | | ず | | ぜ | | ぞ | |

ざる | 소쿠리　ひざ | 무릎　じかん | 시간　ひじ | 팔꿈치　※ずつう | 두통

おかず | 반찬　ぜひ | 꼭　かぜ | 바람/감기　※ぞう | 코끼리　かぞく | 가족

※ p.22 장음 부분을 참조하세요.

| だ행 | だ | | ぢ | | づ | | で | | ど | |

だれ | 누구　かだい | 과제　はなぢ | 코피　つづく | 계속되다

でる | 나가다　そで | 소매　どこ | 어디　まど | 창문

ばら | 장미  かば | 하마  ※びぼう | 미모  くび | 목  ぶた | 돼지  てぶくろ | 장갑

※べつめい | (본이름 외의)다른 이름, 별명  かべ | 벽  ぼろ | 누더기  つぼみ | 꽃봉오리

※ p.22 장음 부분을 참조하세요.

| ぱ행 | ぱ | | ぴ | | ぷ | | ぺ | | ぽ | |
|---|---|---|---|---|---|---|---|---|---|---|

かんぱい | 건배  えんぴつ | 연필  さんぷん | 3분

ぺこぺこ | 배가 몹시 고픈 모양  さんぽ | 산책

# 발음과 글자Ⅱ



## 1 요음 · 촉음 · 발음

### 1) 요음(拗音) CD5

| 단＼행 | あ | か | さ | た | な | は | ま | や | ら | わ | |
|---|---|---|---|---|---|---|---|---|---|---|---|
| あ | あ | か | さ | た | な | は | ま | や | ら | わ | ん |
| い | い | き | し | ち | に | ひ | み | (い) | り | (い) | |
| う | う | く | す | つ | ぬ | ふ | む | ゆ | る | (う) | |
| え | え | け | せ | て | ね | へ | め | (え) | れ | (え) | |
| お | お | こ | そ | と | の | ほ | も | よ | ろ | を | |

▼

| 청음 | | | | | | |
|---|---|---|---|---|---|---|
| きゃ | しゃ | ちゃ | にゃ | ひゃ | みゃ | りゃ |
| きゅ | しゅ | ちゅ | にゅ | ひゅ | みゅ | りゅ |
| きょ | しょ | ちょ | にょ | ひょ | みょ | りょ |

| 탁음·반탁음 | | | | |
|---|---|---|---|---|
| ぎゃ | じゃ | ぢゃ | びゃ | ぴゃ |
| ぎゅ | じゅ | ぢゅ | びゅ | ぴゅ |
| ぎょ | じょ | ぢょ | びょ | ぴょ |

① い단+ゃ

きゃく│손님　しゃしん│사진　おちゃ│차　ひゃく│100　みゃく│맥

ぎゃく│반대　じゃま│방해　こんにゃく│곤약(구약 나물)　さんびゃく│300

りゃく│생략

② い단+ゅ

きゅうに│갑자기　しゅみ│취미　ちゅうい│주의　りゅうがく│유학

ぎゅうにく│쇠고기　しんじゅ│진주　にゅういん│입원

③ い단+ょ

きょり│거리　しょるい│서류　ちょきん│저금　びょういん│병원

みょうじ│성　ぎょうじ│행사　じょせい│여성　にょうぼう│처

はっぴょう│발표　りょかん│여관


2) 촉음(促音) CD6

① か행 앞 : ㄱ받침

いっかい│일층　せっけん│비누　がっき│악기　かっこ│괄호

② さ・た行 앞 : ㅅ받침

ざっし | 잡지  けっせき | 결석  きって | 우표  おっと | 남편

③ ぱ행 앞 : ㅂ받침

いっぱい | 가득/한 잔  いっぴき | 한 마리  きっぷ | 표  しっぱい | 실패, 실수

## 3) 발음(撥音) CD7

① ま・ば・ぱ행 앞 : ㅁ받침

さんまい | 세 장  ぶんめい | 문명  けんぶつ | 구경  しんぱい | 걱정
かんぱい | 건배

② さ・ざ・た・だ・な・ら행 앞 : ㄴ받침

いんさつ | 인쇄  ぎんざ | 긴자(지명)  せんたく | 세탁  もんだい | 문제
おんな | 여자  けんり | 권리

③ あ・か・が・や・わ행 앞 : ㅇ받침

れんあい | 연애  ぶんか | 문화  おんがく | 음악  こんやく | 약혼
でんわ | 전화

## 2 장음(長音) CD8

① あ단+あ

おばあさん [おばーさん] | 할머니(cf. おばさん | 아주머니)
さあ [さー] | 글쎄요  おかあさん [おかーさん] | 어머니

② い단+い

おじいさん [おじーさん] | 할아버지(cf. おじさん | 아저씨)
いいえ [いーえ] | 아니오  ちいさい [ちーさい] | 작다

③ う단+う

　くうき[くーき] | 공기　すうがく[すーがく] | 수학

　ふうふ[ふーふ] | 부부　くつう[くつー] | 고통(cf. くつ | 구두)

④ え단+い／え

　えいご[えーご] | 영어　せんせい[せんせー] | 선생님

　おねえさん[おねーさん] | 언니/누나　ええ[えー] | 네

⑤ お단+う／お

　そうこ[そーこ] | 창고(cf.そこ | 거기)

　こうこう[こーこー] | 고등학교(cf. ここ | 여기)

　とおり[とーり] | 길(cf. とり | 새)　おおきい[おーきー] | 크다

## 3 한자와 오쿠리가나(送りがな)

① 일본어의 한자는 같은 글자라도 뜻으로 읽을 때(훈독:訓読)와 소리로 읽을 때(음독:音読)가 서로 다르다.

- 산 : 山 ┌ やま(훈독)
　　　 └ さん(음독)

- 강 : 川 ┌ かわ(훈독)
　　　 └ せん(음독)

② 오쿠리가나(送りがな)

일본어에서 한자에 붙여 쓰는 가나(かな)를 말한다. 붙이는 방법이 일정하게 정해져 있으므로 교재의 표기를 잘 보고 익혀서 틀리지 않도록 하자. 그러나 잡지 등의 책에서는 종종 규칙을 무시하기도 한다.

▶ 오쿠리가나의 예

　読む(よ・む) | 읽다　　　　食べる(た・べる) | 먹다

　楽しい(たの・しい) | 즐겁다　　楽しみ(たの・しみ) | 즐거움

## **4** 가타카나(片仮名 | カタカナ)

① 외래어나 외국의 인명 · 지명, 의성어 · 의태어 등을 표기하는 데 사용한다. 또 특별히 강조하고자 하는 단어에 사용하기도 하며, 글자의 발음은 ひらがな와 같다.

② 외래어나 외국어의 장음은 반드시 장음부호 「ー」로 표기한다.

③ 촉음「ッ」, 요음「ャ · ュ · ョ」 외에도, 외래어 표기를 위해 「ア · イ · エ · オ」를 작게 써서 표기할 때도 있다.

> **예**　fashion | 패션 ▶ ファッション
> 　　　Philippines | 필리핀 ▶ フィリピン
> 　　　chess | 체스 ▶ チェス
> 　　　Walkman | 워크맨 ▶ ウォークマン

## カタカナ CD9

| | | |
|---|---|---|
| アパート｜아파트 | イギリス｜영국 | ウォークマン｜워크맨 |
| エレベーター｜엘리베이터 | ケーキ｜케이크 | ギター｜기타 |
| コピー｜카피/복사 | コーヒー｜커피 | コンピューター｜컴퓨터 |
| サンドイッチ｜샌드위치 | スーパー｜슈퍼마켓 | タクシー｜택시 |
| チョコレート｜초콜릿 | テレビ｜텔레비전 | トイレ｜화장실 |
| デパート｜백화점 | ニュース｜뉴스 | バス｜버스 |
| パン｜빵 | ファックス｜팩스 | ベッド｜침대 |
| ホテル｜호텔 | マンション｜맨션 | ヨーロッパ｜유럽 |
| ロミオ｜로미오 | ワイシャツ｜와이셔츠 | ワシントン｜워싱턴 |

## カタカナ쓰기

| ア | ア | イ | イ | ウ | ウ | エ | エ | オ | オ |
|---|---|---|---|---|---|---|---|---|---|
| カ | カ | キ | キ | ク | ク | ケ | ケ | コ | コ |
| サ | サ | シ | シ | ス | ス | セ | セ | ソ | ソ |
| タ | タ | チ | チ | ツ | ツ | テ | テ | ト | ト |
| ナ | ナ | ニ | ニ | ヌ | ヌ | ネ | ネ | ノ | ノ |
| ハ | ハ | ヒ | ヒ | フ | フ | ヘ | ヘ | ホ | ホ |
| マ | マ | ミ | ミ | ム | ム | メ | メ | モ | モ |
| ヤ | ヤ |  |  | ユ | ユ |  |  | ヨ | ヨ |
| ラ | ラ | リ | リ | ル | ル | レ | レ | ロ | ロ |
| ワ | ワ |  |  | ヲ | ヲ |  |  |  |  |
| ン | ン |  |  |  |  |  |  |  |  |

## **5** 틀리기 쉬운 글자 CD10

### 1) ひらがな

① い : り   あい | 사랑
           あり | 개미

② こ : て   たこ | 문어
           たて | 방패

③ は : ほ   はし | 다리
           ほし | 별

④ め : ぬ   めい | 여자 조카
           ぬま | 늪

⑤ ね : れ : わ   あね | 언니/누나
           あれ | 저것
           あわ | 거품

⑥ ろ : る   しろ | 흰색
           しる | 알다

### 2) カタカナ

① ア : マ   アリア (aria)
           マリア (Maria)

② ク : ワ   クイーン (queen)
           ワイン (wine)

③ コ : ユ   コスモス (cosmos)
           ユニホーム (uniform)

④ ソ : ン   ソファー (sofa)
           シャンプー (shampoo)

⑤ ツ : シ   ツアー (tour)
           シーエフ (CF)

⑥ テ : ラ   テニス (tennis)
           ラーメン (라면)

⑦ ス : ヌ   スタイル (style)
           ヌード (nude)

⑧ ナ : メ   ナイフ (knife)
           メニュー (menu)

### 3) ひらがな・カタカナ

① か : カ
② き : キ
③ せ : セ
④ へ : ヘ
⑤ り : リ
⑥ や : ヤ

▶ 위의 글자들을 여러 번 써 보고, 단어들은 소리내어 읽어 보자.

# はじめまして。
# キムです。



CD11

キム　田中先生、こんにちは。
　　　（たなかせんせい）

田中　あ、キムさん、こんにちは。

　　　キムさん、佐藤君です。
　　　　　　　（さとうくん）

佐藤　はじめまして。佐藤です。どうぞよろしく。

5　キム　はじめまして。キムです。どうぞよろしく。

佐藤　学生ですか。
　　　（がくせい）

キム　いいえ、会社員です。佐藤さんは？
　　　　　　（かいしゃいん）

佐藤　私は　学生です。
　　　（わたし）

キム　大学生ですか。
　　　だいがくせい
佐藤　はい、そうです。

田中　それじゃ、また。

キム　さようなら。

# Language Focus

**1** 佐藤です。

① イーです。

② キム　ミラさんです。

③ 田中先生です。

④ 佐藤君です。

⑤ 友達です。

⑥ 先生です。

**2** A　学生ですか。
B　はい、そうです。
B′　いいえ、会社員です。

① A　会社員ですか。
　 B　いいえ、学生です。

② A　大学生ですか。
　 B　はい、そうです。

③ A　田中さんですか。
　 B　はい、そうです。

④ A　田中さんですか。
　 B　いいえ、佐藤です。

## 3 私は　学生です。

① 田中さんは　先生です。

② キムさんは　会社員です。

③ イーさんは　大学生です。

# Training

**1** 보기와 같이 표기가 맞는 것을 찾아 보자.

| 보기 |  | 学生 | a かくせい<br>b がくせえ<br>ⓒ がくせい |

①  先生　a せんせえ
　　　　　　　b せんせん
　　　　　　　c せんせい

②  大学生　a だいがくせい
　　　　　　　　b たいがくせい
　　　　　　　　c だいかくせい

③  会社員　a かいしゃいん
　　　　　　　　b がいしゃいん
　　　　　　　　c かいしゃいん

④  友達　a ともだち
　　　　　　　b どもだち
　　　　　　　c ともたち

**2** ＿＿＿에 자신의 이름을 가타카나로 써 넣고 말해 보자.

はじめまして。

＿＿＿＿＿＿＿です。

どうぞよろしく。

**3** 다음 물음에 보기와 같이 답해 보자.

보기
A 田中さんは　学生ですか。(×・先生)
B いいえ、先生です。

① A キムさんは　会社員ですか。(〇)

B ＿＿＿＿＿＿＿＿＿＿＿＿＿＿

② A イーさんは　先生ですか。(×・学生)

B ＿＿＿＿＿＿＿＿＿＿＿＿＿＿

③ A 佐藤さんは　大学生ですか。(〇)

B ＿＿＿＿＿＿＿＿＿＿＿＿＿＿

# Kotoba Bank

| | |
|---|---|
| はじめまして 처음 뵙겠습니다 | ～は ～는, ～은 |
| ～です ～입니다 | わたし（私）나, 저 |
| せんせい（先生）선생님, 선생 | だいがくせい（大学生）대학생 |
| こんにちは 안녕하십니까?, 안녕하세요? | はい 네, 예 |
| あ 아 | そうです 그렇습니다, 그래요 |
| ～さん ～씨, ～님 ▶ 남성·여성 모두에게 쓴다. | それじゃ 그럼, 그러면 |
| | また 또 |
| ～くん（君）～군 ▶ 주로 같은 또래나 손아랫 남자에게 쓴다. | それじゃ また 그럼 또 만납시다, 그럼 또 만나요 |
| どうぞよろしく 잘 부탁합니다 | さようなら 안녕히 가십시오, 안녕히 계십시오 ▶ さよなら라고 표기하는 경우도 많다. |
| がくせい（学生）학생 | |
| ～か ～까? | |
| いいえ 아니오, 아닙니다 | ともだち（友達）친구 |
| かいしゃいん（会社員）회사원 | |

# 일본의 여러 도시

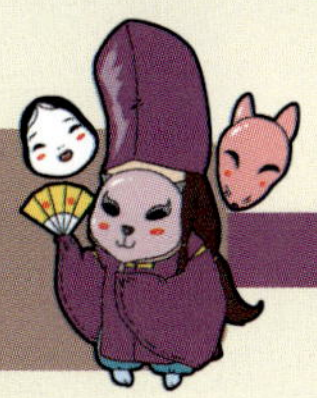

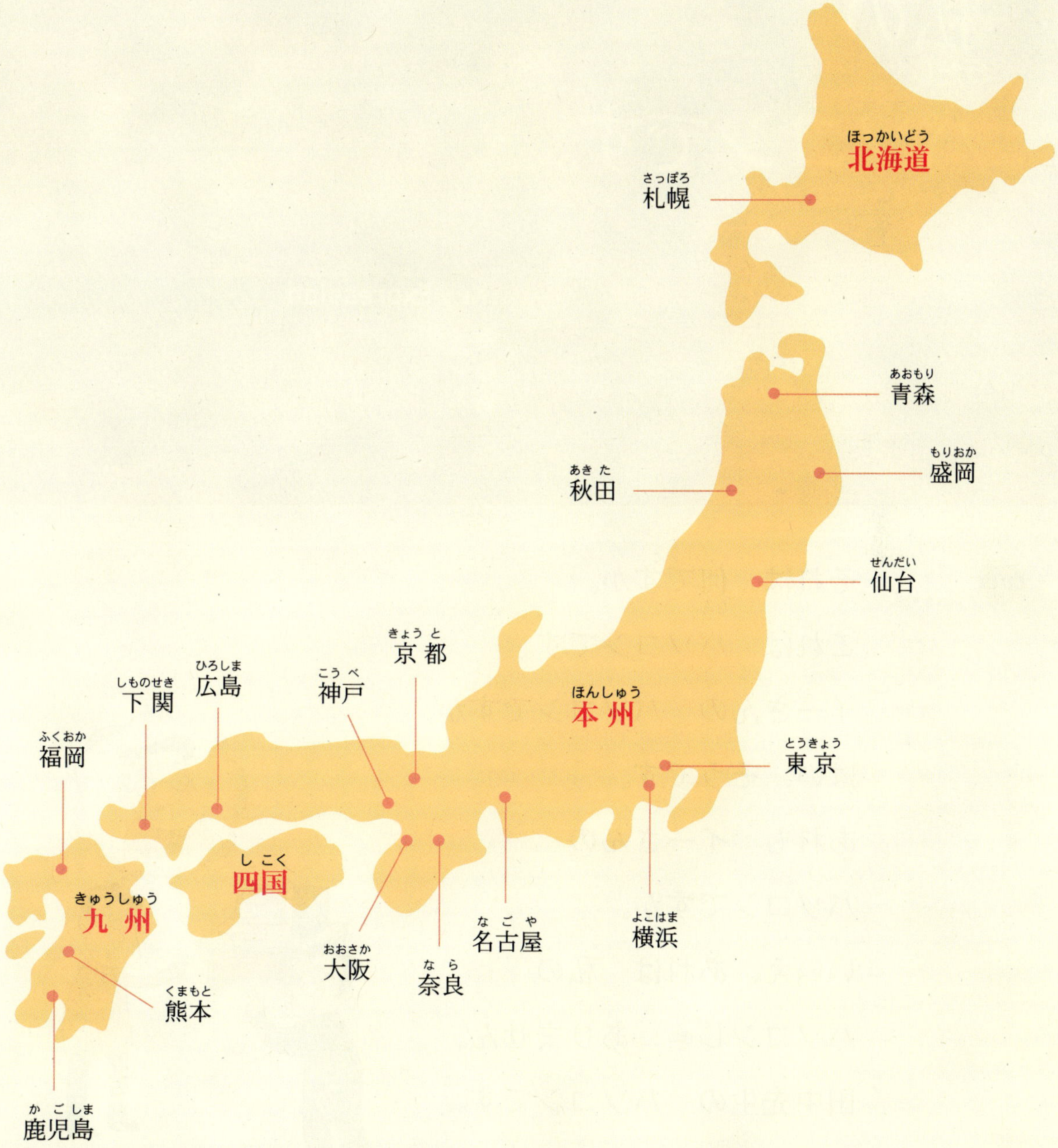
ほっかいどう
北海道
さっぽろ
札幌
あおもり
青森
もりおか
盛岡
あきた
秋田
せんだい
仙台
ほんしゅう
本州
とうきょう
東京
よこはま
横浜
なごや
名古屋
きょうと
京都
こうべ
神戸
おおさか
大阪
なら
奈良
ひろしま
広島
しものせき
下関
ふくおか
福岡
しこく
四国
きゅうしゅう
九州
くまもと
熊本
かごしま
鹿児島

# 私（わたし）の パソコンです。



**CD 12**

木村（きむら）　それは　何（なん）ですか。

イー　これは　パソコンです。

木村　イーさんの　パソコンですか。

イー　はい、そうです。

5　木村　あれも　イーさんの
　　　　パソコンですか。

イー　いいえ、あれは　私の
　　　　パソコンじゃ　ありません。
　　　　田中先生の　パソコンです。

木村　あれは　英語（えいご）の　本（ほん）ですか。

イー　いいえ、あれは　英語の　本じゃ　ありません。

日本語（にほんご）の　本です。


木村　田中さんは　先生ですか。

イー　はい、田中さんは　日本語の　先生です。

木村　鈴木（すずき）さんも　日本語の　先生ですか。

イー　いいえ、鈴木さんは　先生じゃ　ありません。

田中先生の　お友達（ともだち）です。

# Language Focus

## 1 これ・それ・あれ・どれ

## 2

これ
それ ┤ は 何ですか。
あれ

## 3 これは パソコンです。

① それは 辞書です。

② あれは ノートです。

## 4 これは 私の パソコンです。

① それは 木村さんの かばんです。

② キムさんは 私の 友達です。

③ A あれは　だれの　本ですか。

　 B あれは　先生の　本です。

**5**

田中さんは　日本語の　先生です。

① これは　英語の　本です。

② それは　韓国語の　辞書です。

**6**

A 田中さんは　先生ですか。

B はい、田中さんは　先生です。

B′ いいえ、田中さんは　先生じゃ　ありません。

① A それは　本ですか。

　 B いいえ、これは　本じゃ　ありません。ノートです。

② A あれは　韓国語の　辞書ですか。

　 B いいえ、あれは　韓国語の　辞書じゃ　ありません。

　 　日本語の　辞書です。

# 1

_____ 에 「これ・それ・あれ・どれ」 중 알맞은 말을 넣어 말해 보자.

① 

A ＿＿＿＿＿＿は　何ですか。

B ＿＿＿＿＿＿は　パソコンです。

② 

A ＿＿＿＿＿＿は　だれの　かばんですか。

B ＿＿＿＿＿＿は　私の　かばんです。

③ 

A ＿＿＿＿＿＿は　日本語の　本ですか。

B いいえ、＿＿＿＿＿＿は　英語の　本です。

④ 

A 田中さんの　本は　＿＿＿＿＿＿ですか。

B ＿＿＿＿＿＿です。

**2** _____에 알맞은 말을 써 넣어 보자.

① A　それは　ノートですか。

　 B ______、ノート_________________。本です。

② A　これは　英語の　本ですか。

　 B　いいえ、_________________。日本語の　本です。

③ A　佐藤さんは　先生ですか。

　 B　いいえ、________________________。

**3** 짧은글짓기

① 이것은 佐藤 씨의 책입니다.

▶ _________________________________

② 그것은 田中 선생님의 노트입니다.

▶ _________________________________

# Kotoba Bank

| | |
|---|---|
| 〜の 〜의 | えいご(英語) 영어 |
| パソコン 컴퓨터 ▶ personal computer의 준말 | ほん(本) 책 |
| | にほんご(日本語) 일본어 |
| それ 그것 | おともだち(お友達) 친구분 |
| なん(何) 무엇 | どれ 어느 것 |
| これ 이것 | じしょ(辞書) 사전 |
| あれ 저것 | ノート(notebook) 노트 |
| 〜も 〜도 | かばん 가방 |
| 〜じゃ ありません 〜가(이) 아닙니다, 〜가(이) 아니에요 ▶ 「〜では ありません」의 축약형 | だれ(誰) 누구 |
| | かんこくご(韓国語) 한국어 |

## 세계의 여러 나라

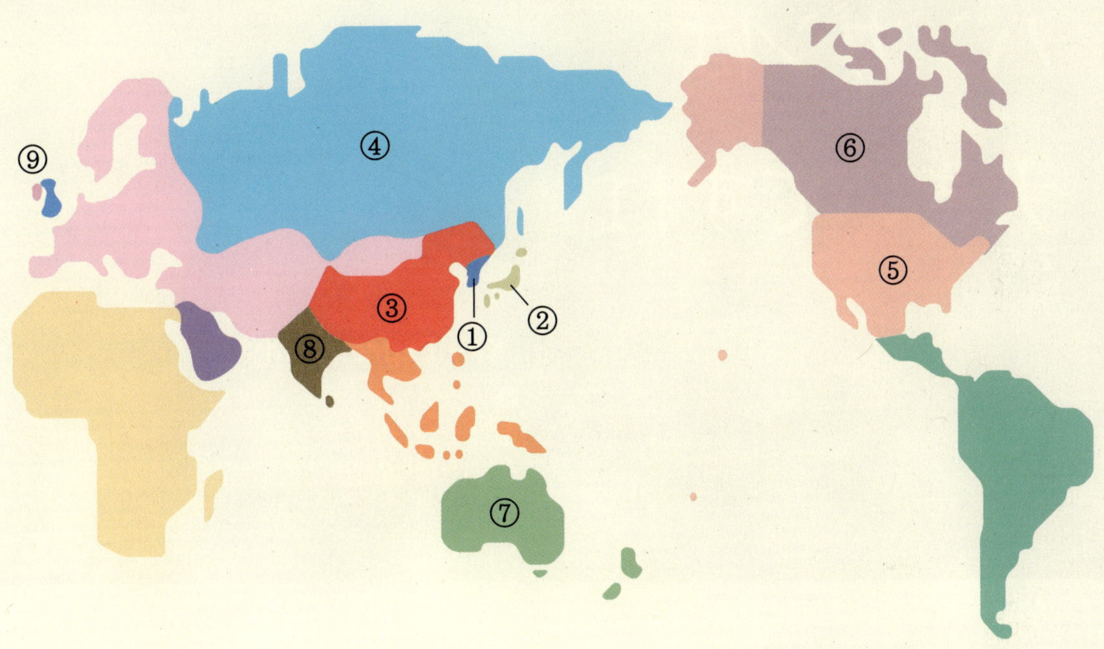


| 오대양(五大洋) | 오대주(五大州) | 나라 이름(国名) |
|---|---|---|
| 태평양｜太平洋 | 아시아｜アジア | ① 한국｜韓国 |
| | | ② 일본｜日本 |
| 대서양｜大西洋 | 아메리카｜アメリカ | ③ 중국｜中国 |
| | | ④ 러시아｜ロシア |
| 인도양｜インド洋 | 아프리카｜アフリカ | ⑤ 미국｜米国／アメリカ |
| | | ⑥ 캐나다｜カナダ |
| 남극해｜南極海 | 오세아니아｜オセアニア | ⑦ 오스트레일리아｜<br>オーストラリア |
| 북극해｜北極海 | 유럽｜ヨーロッパ | ⑧ 인도｜インド |
| | | ⑨ 영국｜英国／イギリス |

# ハンガンは
# 大きいですね。
おお



**CD 13**

佐藤　暑いですね。
あつ

キム　ええ、暑いですね。

佐藤　あれは　だれの　帽子ですか。
ぼう　し

キム　あれは　高橋さんの　帽子です。
たかはし

5　佐藤　あの　白い　バッグも　高橋さんのですか。
しろ

キム　いいえ、あれは　私のです。

佐藤　ハンガンは　大きいですね。

キム　ええ、大きい　川です。

佐藤　長いですか。

キム　さあ…。

佐藤　これ、冷たい　ジュースです。どうぞ。

キム　甘くないですか。

佐藤　ええ、甘く　ありません。

キム　いただきます。おいしいですね。

佐藤　あれは　何ですか。

キム　どれですか。

佐藤　あの　高い　ビルです。

キム　ああ、あれは　63ビルです。

佐藤　ああ、あれが　63ビルですか。

# Language Focus

**1**

A　だれの　帽子ですか。

B　高橋さんの です。（の＝の帽子）

① A　これは　だれの　カメラですか。

　 B　それは　私のです。

② A　それは　だれの　辞書ですか。

　 B　これは　佐藤さんのです。

③ A　あの　バッグは　だれのですか。

　 B　あれは　キムさんのです。

**2**　高い　ビルです。

① 冷たい　ジュースです。

② おいしい　コーヒーです。

③ 白い　バッグです。

**3**

A　甘いですか。

B　はい、甘いです。

B′　いいえ、甘く　ありません。

① A　この　ジュースは　冷たいですか。

　　B　はい、冷たいです。

　　B′　いいえ、冷たく　ありません。

② A　この　川は　長いですか。

　　B　はい、長いです。

　　B′　いいえ、長く　ありません。

**4**

A　あの　高い　ビルは　何ですか。

B　63ビルです。

① A　この　大きい　川は　ハンガンです。

　　B　ああ、これが　ハンガンですか。

② その　青い　かばんは　パクさんのです。

③ あの　小さい　バッグは　高いです。

**1** 그림을 보고 ______에 알맞은 말을 써 넣어 보자.

A ________大きい　かばんは　だれのですか。

B ________は　私のです。

C ________は　だれの　帽子ですか。

D ________白い　帽子は　キムさんのです。

E ________は　だれの　カメラですか。

F ________カメラは　鈴木さんのです。

**2** **1**의 그림을 보고 다음 물음에 답해 보자.

① A 大きい　かばんは　だれのですか。

　 B ___________________________________________

② A 黒い　カメラは　だれのですか。

　 B ___________________________________________

③ A 白い　帽子は　高橋さんのですか。

　 B ___________________________________________

**3** 그림을 보고 ____에 알맞은 말을 써 넣어 보자.

① 　　A 長いですか。

　　　　　　　 B いいえ、_______________。短いです。

② 　　A 大きいですか。

　　　　　　　 B いいえ、_______________。小さいです。

③ 　A 寒いですか。

　　　　　　　 B はい、___________________________。

# 4 짧은글짓기

① 저 높은 빌딩이 63빌딩입니다.

▶ ______________________________

② 이 카메라는 비싸지 않습니다.

▶ ______________________________

③ 그 사전은 내 것입니다.

▶ ______________________________

| | |
|---|---|
| ハンガン 한강 | ~く ありません ~지 않습니다 |
| おおきい(大きい) 크다 | いただきます 잘 먹겠습니다, 잘 마시겠 |
| ~ですね ~군요 | 습니다, 잘 받겠습니다 |
| あつい(暑い) 덥다 | おいしい 맛있다 |
| ええ 네, 예 | たかい(高い) ① 높다 ② 비싸다 ③ 키가 |
| ぼうし(帽子) 모자 | 크다 |
| あの 저 | ビル 빌딩 ▶ ビルディング(building)의 준 |
| しろい(白い) 하얗다, 희다 | 말 |
| バッグ(bag) 백 | ろくさんビル(63building) 63빌딩 |
| ~の ~의 것 | ああ 아아 |
| かわ(川) 강 | ~が ~가, ~이 |
| ながい(長い) 길다 | カメラ(camera) 카메라 |
| さあ 글쎄요 ▶ 답을 잘 모를 경우에 쓴다. | コーヒー(coffee) 커피 |
| つめたい(冷たい) 차갑다, 차다 | この 이 |
| ジュース(juice) 주스 | あおい(青い) 파랗다 |
| どうぞ 자, 드세요 ▶ 남에게 뭔가를 권할 | ちいさい(小さい) 작다 |
| 때 쓴다. | くろい(黒い) 검다, 까맣다 |
| あまい(甘い) 달다 | みじかい(短い) 짧다 |
| ~く ないです ~지 않습니다 | さむい(寒い) 춥다 |

# 安くて　デザインも
# いいです。



CD14

客1　この　店は　広くて　品物も　多いですね。

客2　ええ、いい　店ですね。

客1　すみません。

店員　いらっしゃいませ。

5　客1　新聞　ください。

店員　はい。読売ですか、朝日ですか。

客1　読売、おねがいします。

客1　この　時計は　安くて　デザインも　いいですね。
客2　そうですね。あれは　高くて　デザインも　よく

　　　ありません。

客1　すみません。この　時計、二つ　ください。

店員　はい、ありがとうございます。　　　5


客1　その　スカーフも　いい　色ですね。

　　　その　スカーフ　ください。

店員　赤いのですか、黒いのですか。

客1　その　赤いの　ください。　　　10

客2　この　青い　ネクタイは　どうですか。

客1　これも　いいですね。これも　おねがいします。

店員　はい、ありがとうございます。

# Language Focus

**1**　この　時計　ください。

① オレンジジュース　ください。

② すみません。水　ください。

**2**　読売　おねがいします。

① ビール　おねがいします。

② コーヒー　おねがいします。

**3**　A　その　スカーフ　ください。
B　赤いのですか、黒いのですか。
A　赤いの　ください。

① A　ジュース　ください。

　　B　オレンジジュースですか、トマトジュースですか。

　　A　オレンジジュース　おねがいします。

② A　コーヒー　おねがいします。

　　B　ホットですか、アイスですか。

　　A　ホット　ください。

**4**  この　店は　広くて　品物も　多いですね。

① この　スカーフは　安くて　色が　いいです。

② あの　時計は　高くて　デザインも　よく　ありません。

③ この　店は　狭くて　暗いです。

④ この　かばんは　大きくて　軽いです。

**5**　いくつですか。

| 一つ | 二つ | 三つ | 四つ | 五つ |
|---|---|---|---|---|
| ひとつ | ふたつ | みっつ | よっつ | いつつ |
| 六つ | 七つ | 八つ | 九つ | 十 |
| むっつ | ななつ | やっつ | ここのつ | とお |

**1** 보기와 같이 주문할 때의 표현을 만들어 보자.

보기 オレンジジュース(1)
▶ <u>すみません。オレンジジュース</u>
<u>一つ　ください。</u>

①  コーヒー(3)

▶ ________________________________

② トマトジュース(1)

▶ ________________________________

③  アイスコーヒー(2)

▶ ________________________________

**2** 두 문장을 한 문장으로 만들어 보자.

① この　時計は　安いです。

　この　時計は　デザインが　いいです。

▶ ________________________________

② この　店は　狭いです。

この　店は　暗いです。

▶ _______________________

③ この　かばんは　大きいです。

この　かばんは　重いです。

▶ _______________________

## 3 짧은글짓기

① 이 물건은 싸고 색깔도 좋습니다.

▶ _______________________

② 차고 달콤한 주스 주세요.

▶ _______________________

③ 이 가볍고 작은 카메라는 김미라 씨 것입니다.

▶ _______________________

# Kotoba Bank

| | |
|---|---|
| やすい(安い) 싸다 | よく ありません 좋지 않습니다 |
| ～くて ~고 | ふたつ(二つ) 두 개 |
| デザイン(design) 디자인 | ありがとうございます 감사합니다 |
| いい 좋다 | その 그 |
| きゃく(客) 손님 | スカーフ(scarf) 스카프 |
| みせ(店) 가게 | いろ(色) 색깔 |
| ひろい(広い) 넓다 | あかい(赤い) 빨갛다 |
| しなもの(品物) 물건 | ～のですか ~것입니까? |
| おおい(多い) 많다 | ネクタイ(necktie) 넥타이 |
| すみません 여보세요 ▶ 가게에서 점원을 부를 때 사용한다. | どうですか 어떻습니까?, 어때요? |
| | オレンジ(orange) 오렌지 |
| てんいん(店員) 점원 | みず(水) 물, 냉수 |
| いらっしゃいませ 어서 오세요, 어서 오십시오 ▶ 가게에서 손님을 맞을 때 사용한다. | ビール(beer) 맥주 |
| | トマト(tomato) 토마토 |
| | ホット(hot) 뜨거운 커피 ▶ 여기에서는 ホットコーヒー의 줄임말로 쓰였다. |
| しんぶん(新聞) 신문 | |
| ください 주십시오, 주세요 | アイス(ice) 아이스커피 ▶ 여기에서는 アイスコーヒー의 줄임말로 쓰였다. |
| よみうり(読売) 요미우리 ▶ 일본 신문 이름 | |
| あさひ(朝日) 아사히 ▶ 일본 신문 이름 | せまい(狭い) 좁다 |
| おねがいします(お願いします) 부탁합니다 | くらい(暗い) 어둡다 |
| | かるい(軽い) 가볍다 |
| とけい(時計) 시계 | いくつ 몇 개 |
| そうですね 그렇군요 | おもい(重い) 무겁다 |

# 대표적인 イ형용사

たか
高い 비싸다

やす
安い 싸다

おお
多い 많다

すく
少ない 적다

ひろ
広い 넓다

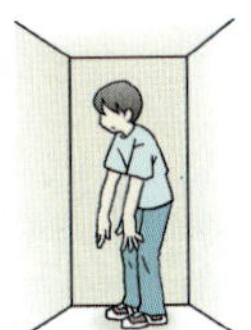

せま
狭い 좁다

あつ
厚い 두껍다

うす
薄い 얇다

おも
重い 무겁다

かる
軽い 가볍다

あま
甘い 달다

から
辛い 맵다

あたた
温かい 따뜻하다

つめ
冷たい 차다

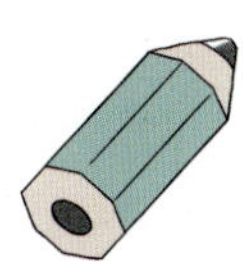

ふと
太い 굵다

ほそ
細い 가늘다

あか
明るい 밝다

くら
暗い 어둡다

あさ
浅い 얕다

ふか
深い 깊다

# チョンノは　にぎやかな　ところです。



CD 15

キム　高橋さん、これが　ソウルの　地図です。
ここは　ソウル駅で、ここは　ナムデムンです。

高橋　チョンノは　どこですか。

キム　チョンノは　ここです。

5　高橋　どんな　ところですか。

キム　にぎやかな　ところです。

高橋　街は　きれいですか。

キム　そうですね。あまり　きれいじゃ　ありません。

高橋　交通は　便利ですか。

キム　ええ、とても　便利です。

高橋　ここから　チョンノまでは　遠（とお）いですか。

キム　いいえ、あまり　遠く　ありません。

高橋　チョンノ行（ゆ）きの　バスは、何番（なんばん）ですか。

キム　7番と　15番と　23番です。

5

キム　ここは　有名（ゆうめい）な　本屋（ほんや）です。

高橋　きれいで、立派（りっぱ）ですね。

キム　ここは　本屋で、あそこは　デパートです。

# Language Focus

**1**

A　交通は　便利ですか。

B　はい、便利です。

B′　いいえ、便利じゃ　ありません。

① A　ミョンドンは　にぎやかですか。

　 B　はい、とても　にぎやかです。

② A　街は　きれいですか。

　 B　いいえ、あまり　きれいじゃ　ありません。

**2**

A　どんな　ところですか。

B　にぎやかな　ところです。

① A　どんな　音楽ですか。

　 B　静かな　音楽です。

② A　どんな　人ですか。

　 B　まじめな　人です。

③ A　どんな　かばんですか。

　 B　黒くて　大きい　かばんです。

## 3 きれいで　立派ですね。

① この　部屋は　きれいで　明るいです。

② この　図書館は　静かで　広いです。

## 4 ここは　本屋で、あそこは　デパートです。

① ここは　ソウル駅で、ここは　ナムデムンです。

② これは　万年筆で、これは　ボールペンです。

## 5 こ・そ・あ・ど의 정리

| こ | そ | あ | ど |
|---|---|---|---|
| これ | それ | あれ | どれ |
| この | その | あの | どの |
| ここ | そこ | あそこ | どこ |

## 6 숫자 읽기

| | | | | | |
|---|---|---|---|---|---|
| 1 | いち | 11 | じゅういち | 30 | さんじゅう |
| 2 | に | 12 | じゅうに | 40 | よんじゅう |
| 3 | さん | 13 | じゅうさん | 50 | ごじゅう |
| 4 | よん・し | 14 | じゅうよん・じゅうし | 60 | ろくじゅう |
| 5 | ご | 15 | じゅうご | 70 | ななじゅう・しちじゅう |
| 6 | ろく | 16 | じゅうろく | 80 | はちじゅう |
| 7 | なな・しち | 17 | じゅうなな・じゅうしち | 90 | きゅうじゅう |
| 8 | はち | 18 | じゅうはち | 100 | ひゃく |
| 9 | きゅう・く | 19 | じゅうきゅう・じゅうく | 0 | ゼロ・れい・まる |
| 10 | じゅう | 20 | にじゅう | | |

# Training

**1** 그림을 보고 _____에 알맞은 말을 써 넣어 보자.

A

B

Aは　高橋さんの　部屋_____、Bは　イーさんの　部屋です。

高橋さんの　部屋は_____________、イーさんの　部屋は
狭いです。

高橋さんの　部屋は　とても　きれいですが、イーさんの　部
屋は　あまり_____________________。

高橋さんの　部屋は　きれいで　静かです。

**2** 보기와 같이 (　) 안의 단어를 사용하여 답해 보자.

보기　A　どんな　人ですか。(まじめだ)
　　　B　<u>まじめな　人です。</u>

① A ミョンドンは　どんな　ところですか。(にぎやかだ)

B ______________________________________

② A どんな　本屋ですか。(大きい＋有名だ)

B ______________________________________

③ A どんな　かばんですか。(小さい＋白い)

B ______________________________________

④ A どんな　店ですか。(きれいだ＋静かだ)

B ______________________________________


**3** 짧은글짓기

① 佐藤 씨는 성실하고 좋은 학생입니다.

▶ ____________________________________

② 서울의 교통은 별로 편리하지 않습니다.

▶ ____________________________________

③ 이곳은 크고 유명한 서점입니다.

▶ ____________________________________

| | |
|---|---|
| チョンノ 종로 | チョンノ行き 종로행 |
| にぎやかだ 번화하다, 떠들썩하다 | バス(bus) 버스 |
| ところ(所) 곳, 장소 | ～ばん(～番) ～번 |
| ソウル 서울 | なんばん(何番) 몇 번 |
| ちず(地図) 지도 | なな(七) 7 |
| ここ 여기 | じゅうご(十五) 15 |
| ソウルえき(ソウル駅) 서울역 | にじゅうさん(二十三) 23 |
| ～で ～이고 | ゆうめいだ(有名だ) 유명하다 |
| ナムデムン 남대문 | ほんや(本屋) 서점, 책방 |
| どこ 어디 | りっぱだ(立派だ) 훌륭하다 |
| どんな 어떤 | あそこ 저기 |
| まち(街) 거리 | デパート 백화점 ▶ department store의 |
| きれいだ ①깨끗하다 ②아름답다 | 준말 |
| そうですね 글쎄요 ▶ 망설임·주저함을 나 | ミョンドン 명동 |
| 타낸다. | おんがく(音楽) 음악 |
| あまり 별로, 그다지 | ひと(人) 사람 |
| こうつう(交通) 교통 | しずかだ(静かだ) 조용하다 |
| べんりだ(便利だ) 편리하다 | まじめだ 성실하다 |
| とても 매우, 아주 | へや(部屋) 방 |
| ～から ～부터 | あかるい(明るい) 밝다, 환하다 |
| ～まで ～까지 | としょかん(図書館) 도서관 |
| とおい(遠い) 멀다 | まんねんひつ(万年筆) 만년필 |
| ～ゆき(～行き) ～행 | ボールペン 볼펜 ▶ ball point pen의 준말 |

# Lesson 8

# お茶が
# 大好きです。



CD 16

パク　富士山は、日本で　いちばん　高い　山ですか。

高橋　ええ、そうです。

パク　韓国の　ソラクサンより　高いですか。

高橋　ええ、富士山の　ほうが　ソラクサンより　ずっと
　　　高いです。

パク　富士山は　きれいですね。

高橋　ええ。あ、パクさん、ソラクサンと　ハンラサンと
　　　どちらが　高いですか。

パク　ハンラサンの　ほうが　高いです。

高橋　お茶、どうぞ。
　　　ちゃ

パク　いただきます。

　　　おいしいですね。私は　お茶が　大好きです。
　　　　　　　　　　　　　　　　　　だい す

高橋　そうですか。コーヒーは　どうですか。

パク　コーヒーは　あまり　好きじゃ　ありません。
　　　　　　　　　　　　　　す

高橋　この　りんごも　どうぞ。

パク　ありがとうございます。

　　　私は　果物の　中で
　　　　　くだもの　なか

　　　りんごが　いちばん

　　　好きです。

5

# Language Focus

**1**

A 富士山と　ソラクサンと　どちらが　高いですか。

B 富士山の　ほうが　ソラクサンより

高いです。

富士山　　　　ソラクサン

① A 佐藤さんと　イーさんと　どちらが　背が

高いですか。

B イーさんの　ほうが　ちょっと　高いです。

② A ソウルと　東京と　どちらが

大きいですか。

B ソウルより　東京の　ほうが

大きいです。

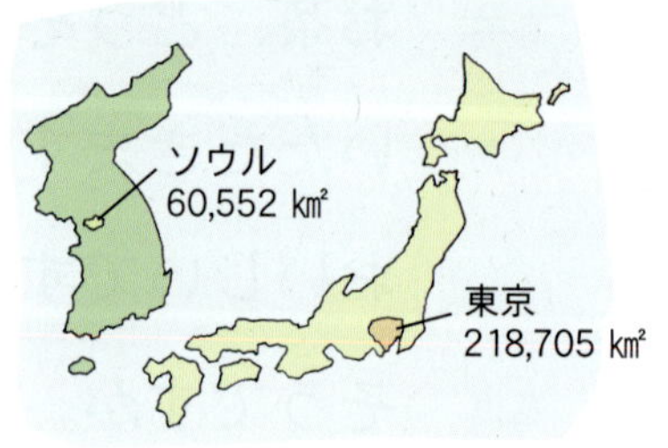


③ A バスと　タクシーと　どちらが　便利ですか。

B タクシーの　ほうが　便利です。

**2** 私は　お茶が　大好きです。

① 私は　スポーツが　大好きです。

② 私は　勉強が　嫌いです。

③ A　甘いものが　お好きですか。

　　B　いいえ、甘いものは　あまり　好きじゃ　ありません。

**3** 私は　果物の　中で　りんごが　いちばん　好きです。

① この　クラスの　中で　私が　いちばん　背が　低いです。

② A　スポーツの　中で　何が　いちばん　好きですか。

　　B　テニスが　いちばん　好きです。

③ 日本の　山の　中で　富士山が　いちばん　高いです。

## 1 그림을 보고 다음 물음에 답해 보자.

① 

A 東京タワーと　ソウルタワー
と　どちらが　高いですか。

B ______________________________

② 

A りんごと　メロンと　どちら
が　安いですか。

B ______________________________

③ 

A イーさんの　部屋と　キムさ
んの　部屋と　どちらが　き
れいですか。

B ______________________________

④ 

A コーヒーと　ジュースと　ど
ちらが　お好きですか。

B ______________________________

## 2 그림을 보고 ______에 알맞은 말을 써 넣어 보자.

①



A ソウルと　プサンと　テグの　中で
__________が　いちばん　大きいですか。

B ______________________________

② A 鈴木さんと　佐藤さんと　イーさんの　中で
　　＿＿＿＿＿が　いちばん　背が　高いですか。
　　B ＿＿＿＿＿＿＿＿＿＿＿＿＿＿＿＿。

鈴木　佐藤　イー

③ A 果物の　中で＿＿＿＿＿が　いちばん　好き
　　ですか。
　　B バナナが＿＿＿＿＿＿＿＿＿＿。

④ A スカーフと　ネクタイと　バッグの　中で
　　＿＿＿＿＿が　いちばん　高いですか。
　　B ＿＿＿＿＿＿＿＿＿＿＿＿＿＿＿。

₩45,000　　₩35,000　　₩1,000,000

## 3 짧은글짓기

① 사전하고 전자사전하고 어느 쪽이 편리합니까?

▶ ＿＿＿＿＿＿＿＿＿＿＿＿＿＿＿＿＿＿＿＿＿

② 나는 사과를 아주 좋아합니다.

▶ ＿＿＿＿＿＿＿＿＿＿＿＿＿＿＿＿＿＿＿＿＿

③ 이 방보다 저 방이 훨씬 넓습니다.

▶ ＿＿＿＿＿＿＿＿＿＿＿＿＿＿＿＿＿＿＿＿＿

# Kotoba Bank

| | |
|---|---|
| おちゃ（お茶）차 | りんご 사과 |
| だいすきだ（大好きだ）아주 좋아하다 | くだもの（果物）과일 |
| ふじさん（富士山）후지산 ▶ 3,776m | 〜の　なかで（〜の　中で）〜중에서 |
| 〜で（장소）〜에서 | せい・せ（背）키, 신장 |
| いちばん（一番）제일, 가장 | ちょっと 조금 |
| やま（山）산 | とうきょう（東京）도쿄 |
| ソラクサン 설악산 ▶ 1,708m | タクシー（taxi）택시 |
| 〜より 〜보다 | スポーツ（sports）스포츠 |
| 〜の　ほうが（〜の　方が）〜쪽이 | べんきょう（勉強）공부 |
| ずっと 훨씬 | きらいだ（嫌いだ）싫다, 싫어하다 |
| 〜と　〜と 〜와(과) 〜와(과) | クラス（class）클래스, 반 |
| ハンラサン 한라산 ▶ 1,950m | テニス（tennis）테니스 |
| どちら 어느 쪽 | タワー（tower）타워 |
| 〜と　〜と　どちらが 〜하고 〜하고（〜중에서）어느 쪽이 | メロン（melon）멜론 |
| | プサン 부산 |
| そうですか 그렇습니까?, 그래요? | テグ 대구 |
| すきだ（好きだ）좋아하다 | バナナ（banana）바나나 |

## 대표적인 ナ형용사

好きだ 좋아하다

嫌いだ 싫어하다

便利だ 편리하다

不便だ 불편하다

上手だ 능숙하다

下手だ 서투르다

新鮮だ 신선하다

簡単だ 간단하다

元気だ 건강하다

# 中(なか)に 何(なに)が ありますか。

## Key Expression

❶ 中に 何が ありますか。
❷ 入り口は どこですか。
　／入り口は どこに ありますか。
❸ 銀行や 病院や 郵便局などが あります。

---

**CD 17**

イー　木村さん、ここは　はじめてですか。

木村　ええ。中に　何(なに)が　ありますか。

イー　いろいろな　店や　博物館(はくぶつかん)や　レストランなどが
　　　あります。

5　木村　あれは　駅ですか。

イー　ええ、そうです。

木村　あちらの　大きい　建物(たてもの)の　中には　何が　ありますか。

イー　銀行(ぎんこう)や　病院(びょういん)や　郵便局(ゆうびんきょく)などが　あります。

木村　そうですか。入り口は　どこですか。

イー　入り口は　こちらです。

木村　あの　部屋は　何ですか。

イー　どこですか。

木村　あの　電話ボックスの　横です。

イー　あそこは　ゲームセンターです。

木村　そうですか。あのう、お手洗いは
　　　どこに　ありますか。

イー　この　階には　ありません。
　　　下の　階に　あります。

# Language Focus

## 1

テレビが　あります。

① 本が　あります。

② テーブルが　あります。

③ お手洗いは　この　階には　ありません。

## 2

あそこに　大きい　テレビが　あります。

① テレビの　下に　ビデオが　あります。

② 部屋の　中に　ベッドが　あります。

③ 机の　横に　ごみ箱が　あります。

④ 銀行の　隣に　郵便局が　あります。

⑤ 電話は　テーブルの　上に　あります。

## 3

A あの　建物の　中に　何が　ありますか。
B レストランや　病院などが　あります。

① A 部屋の　中に　何が　ありますか。
　 B 机や　本だなや　洋服だんすなどが　あります。

② A 机の　上に　何が　ありますか。

　　B 本や　ボールペンや　ノートなどが　あります。

③ A かばんの　中に　何が　ありますか。

　　B 何も　ありません。

**4**　A お手洗いは　どこに　ありますか。／
　　　お手洗いは　どこですか。
　　B 下の　階に　あります。／下の　階です。

① A 電話は　どこに　ありますか。

　　B あそこです。

② A 郵便局は　どこですか。

　　B あの　白い　ビルの　隣です。

**1** 그림을 보고 ＿＿에 알맞은 말을 써 넣어 보자.

① A　テーブルの＿＿＿＿＿に　何が　ありますか。

　　B　電話が　あります。

② A　机の＿＿＿＿＿に　何が　ありますか。

　　B　ごみ箱が　あります。

③ A　部屋の＿＿＿＿＿に　何が　ありますか。

　　B　ベッドや　机などが　あります。

④ A　机の＿＿＿＿＿に　何が　ありますか。

　　B　本だなが　あります。

⑤ A　時計は　どこに　ありますか。

　　B　＿＿＿＿＿＿＿＿＿＿＿＿＿＿＿＿＿＿＿＿＿

⑥ A　かばんは　どこに　ありますか。

　　B　＿＿＿＿＿＿＿＿＿＿＿＿＿＿＿＿＿＿＿＿＿

⑦ A　部屋に　ビデオが　ありますか。

　　B　＿＿＿＿＿＿＿＿＿＿＿＿＿＿＿＿＿＿＿

⑧ A　病院は　どこですか。

　　B　銀行の＿＿＿＿＿に　あります。

⑨ A　電話ボックスは　どこに　ありますか。

　　B　郵便局の＿＿＿＿＿に　あります。


## 2　짧은글짓기

① 저기에 전화박스가 있습니다.

　▶ ＿＿＿＿＿＿＿＿＿＿＿＿＿＿＿＿＿＿＿

② 가방 안에 책과 노트와 볼펜 등이 있습니다.

　▶ ＿＿＿＿＿＿＿＿＿＿＿＿＿＿＿＿＿＿＿

③ 은행은 저 높고 하얀 빌딩 옆입니다.

　▶ ＿＿＿＿＿＿＿＿＿＿＿＿＿＿＿＿＿＿＿

# Kotoba Bank

| | |
|---|---|
| なか (中) 안, 속 | でんわボックス (電話 box) 전화박스 |
| ～に (장소) ～에 | ゲームセンター (game center) 게임센 |
| なに・なん (何) 무엇 | 터, 오락실 |
| ある 있다 ▶ 사물의 존재 | あのう 저어 |
| はじめて (初めて) 처음 | おてあらい (お手洗い) 화장실 |
| いろいろだ 여러가지다 | かい (階) 층 |
| ～や ～과 (～와), ～이랑 | ありません 없습니다 |
| はくぶつかん (博物館) 박물관 | テレビ (television) 텔레비전 |
| レストラン (restaurant) 레스토랑 | テーブル (table) 테이블 |
| ～など ～등, ～등등 | ビデオ (video) 비디오 |
| ～などが あります ～등이 있습니다 | した (下) 아래, 밑 |
| あちら 저쪽 | ベッド (bed) 침대 |
| たてもの (建物) 건물 | つくえ (机) 책상 |
| ～には ～에는 | よこ (横) 옆 |
| ぎんこう (銀行) 은행 | ごみばこ (ごみ箱) 쓰레기통 |
| びょういん (病院) 병원 | となり (隣) 옆, 이웃 |
| ゆうびんきょく (郵便局) 우체국 | うえ (上) 위 |
| いりぐち (入り口) 입구 | ほんだな (本だな) 책장 |
| こちら 이쪽 | ようふくだんす (洋服だんす) 옷장 |
| でんわ (電話) 전화 | なにも (何も) 아무것도 |

위 치

# 姉は　今　アメリカに　います。
あね　　いま



**CD18**

佐藤　イーさんは、何人家族ですか。
　　　　　　　　なんにん か ぞく

イー　5人家族です。

　　　父と　母、姉と　妹が　います。
　　　ちち　はは　あね　いもうと

佐藤　じゃ、男の　兄弟は　いませんね。
　　　　　おとこ　きょうだい

5　イー　ええ。姉は　今　アメリカに　います。ソウルには
　　　　　　　　　　いま

　　　両親と　妹が　います。
　　　りょうしん

　　　これが　家族の　写真です。
　　　　　　　　　　しゃしん

佐藤　ああ、この　方が　イーさんの　お父さんですか。
　　　　　　　　かた　　　　　　　　とう

イー　ええ、これが　父で、これが　母です。

佐藤　ご両親、お若いですね。どちらが　お姉さんですか。

イー　左が　姉で、右が　妹です。

佐藤　妹さんは、おいくつですか。

イー　二十歳です。

佐藤　それじゃ、イーさんより　三つ　下ですね。

お姉さんも　きれいですね。前の　男の人は

だれですか。

イー　ああ、いとこです。

佐藤　そうですか。

ハンサムですね。

# Language Focus

**1** 姉と　妹が　います。

① 女の人が　います。

② 犬が　います。

③ 人が　います。

④ 男の兄弟は　いません。

⑤ ここには　だれも　いません。

**2** ソウルには　両親と　妹が　います。

① 高橋さんの　前に　パクさんが　います。

② ドアの　後ろに　子供が　います。

③ 私の　右に　猫が　います。

④ 妹の　左に　犬が　います。

⑤ 姉は　アメリカに　います。

## 3　何人ですか。

| | |
|---|---|
| 1人 | **ひとり** |
| 2人 | **ふたり** |
| 3人 | さんにん |
| 4人 | **よにん** |
| 5人 | ごにん |
| 6人 | ろくにん |
| 7人 | **しちにん** |
| 8人 | はちにん |
| 9人 | きゅうにん |
| 10人 | じゅうにん |
| 11人 | じゅういちにん |
| 12人 | じゅうににん |
| 13人 | じゅうさんにん |
| ～ | |
| 20人 | にじゅうにん |

## 4　何歳ですか・おいくつですか。

| | |
|---|---|
| 1歳 | **いっさい・ひとつ** |
| 2歳 | にさい・ふたつ |
| 3歳 | さんさい・みっつ |
| 4歳 | よんさい・よっつ |
| 5歳 | ごさい・いつつ |
| 6歳 | ろくさい・むっつ |
| 7歳 | ななさい・ななつ |
| 8歳 | **はっさい・やっつ** |
| 9歳 | きゅうさい・ここのつ |
| 10歳 | **じゅっさい・とお** |
| 11歳 | **じゅういっさい** |
| 12歳 | じゅうにさい |
| 13歳 | じゅうさんさい |
| ～ | |
| 20歳 | **はたち** |

# 5 가족 칭호

| 私の〜 | ○○さんの〜 | 가족끼리 부를 때 |
|---|---|---|
| 父（ちち） | お父（とう）さん | お父（とう）さん |
| 母（はは） | お母（かあ）さん | お母（かあ）さん |
| 兄（あに） | お兄（にい）さん | （お）兄ちゃん |
| 姉（あね） | お姉（ねえ）さん | （お）姉ちゃん |
| 弟（おとうと） | 弟（おとうと）さん | 이름 |
| 妹（いもうと） | 妹（いもうと）さん | 이름 |
| 主人（しゅじん） | ご主人（しゅじん） | あなた 또는 이름（＋さん） |
| 夫（おっと） | | |
| 家内（かない） | 奥（おく）さん | 이름（＋さん） |
| 妻（つま） | | |
| 息子（むすこ） | 息子（むすこ）さん | 이름 |
| 娘（むすめ） | 娘（むすめ）さん | 이름 |
| | お嬢（じょう）さん | |
| 子供（こども） | お子（こ）さん | |
| 両親（りょうしん） | ご両親（りょうしん） | |

# Training

**1** 그림을 보고 보기와 같이 무엇이(누가) 있는지 일본어로 말해 보자.

보기 ▶ <u>ボールペンは　ありません。</u>

① ▶ ____________________________

② 佐藤 ▶ ____________________________

③ ▶ ____________________________

④ キム ▶ ____________________________

**2** 다음 사진을 보고 ______에 알맞은 말을 써 넣어 보자.

① イーさんの________に　鈴木さんが________。

② キムさんの________に　ピアノが________。

③ イーさんと　キムさんの________に　佐藤さんが

________。

④ 犬は　鈴木さんの________に________。

⑤ 佐藤さんの________に　ドアが________。

**3** 보기와 같이 ______에 알맞은 말을 써 넣어 보자.
단, 나이는 히라가나로 쓴다.

보기　A 妹さんは　おいくつですか。(20歳)
　　　B 妹は　はたちです。

① A　お父さんは　おいくつですか。(54歳)

　　B ________________________________

② A ________は　おいくつですか。(50歳)

　　B 母は________________________________

③ A　お兄さんは　おいくつですか。(28歳)

　　B ________________________________

④ A　ご主人は　おいくつですか。(31歳)

　　B ________________________________

⑤ A ________は　おいくつですか。(29歳)

　　B 家内は________________________________

# Kotoba Bank

| | |
|---|---|
| あね(姉) 언니, 누나 | おいくつですか (남에게) 몇 살이십니까? |
| いま(今) 지금 | はたち(二十歳) 스무살 ▶ にじゅっさい |
| アメリカ(America) 아메리카, 미국 | 라고 읽는 경우도 있다. |
| いる 있다 ▶ 사람·동물의 존재 | みっつ(三つ) 세 살, 세 개 |
| なんにん(何人) 몇 명 | まえ(前) 앞 |
| かぞく(家族) 가족 | おとこのひと(男の人) 남자 ▶ 그냥 |
| 何人家族ですか 가족이 몇 분입니까? | おとこ(男) 라고 해서는 안 된다 |
| ちち(父) 아버지 | いとこ 사촌 |
| はは(母) 어머니 | ハンサムだ(handsomeだ) 핸섬하다, |
| いもうと(妹) 여동생 | 멋있다 |
| じゃ 그럼 | おんなのひと(女の人) 여자 ▶ 그냥 |
| おとこ(男) 남자 | おんな(女) 라고 해서는 안 된다. |
| きょうだい(兄弟) 형제 | いぬ(犬) 개 |
| りょうしん(両親) 양친, 부모님 | だれも(誰も) 아무도 |
| しゃしん(写真) 사진 | ドア(door) 도어, 문 |
| かた(方) 분 | うしろ(後ろ) 뒤 |
| おとうさん(お父さん) 아버지 | こども(子供) 어린이, 아이 |
| ごりょうしん(ご両親) (남의) 부모님 | ねこ(猫) 고양이 |
| わかい(若い) 젊다 | なんさい(何歳) 몇 살 |
| お若いですね 젊으시군요 | ピアノ(piano) 피아노 |
| おねえさん(お姉さん) (남의) 언니, 누나 | あいだ(間) 사이 |
| ひだり(左) 왼쪽 | おにいさん(お兄さん) (남의) 오빠, 형 |
| みぎ(右) 오른쪽 | ごしゅじん(ご主人) 남편분 |
| いもうとさん(妹さん) (남의) 여동생 | かない(家内) 아내, 집사람 |
| いくつ 몇 살 | |

# 朝は　いつも　パンを　食べます。



**CD 19**

私は　毎朝　6時に　起きます。
それから　30分ぐらい　運動を　します。
朝は　いつも　パンを　食べます。ご飯は　食べません。
牛乳や　コーヒーも　飲みます。

7時半ごろ　家を　出ます。
（はん）（いえ）（で）

会社まで　電車で　行きます。
（かいしゃ）（でんしゃ）（い）

家から　会社までは　50分ぐらい　かかります。

電車の　中では　新聞を　読みます。音楽も　聞きます。
（よ）（おんがく）（き）

会社は　9時から

始まります。
（はじ）

昼休みは　12時から　1時までです。
（ひるやす）

会社は　6時に　終わります。
（お）

7時半ごろ　家へ　帰ります。
（かえ）

夕ご飯は　たいてい　家で　食べます。
（ゆう）

それから　テレビの　ニュースを　見ます。
（み）

夜は　1時間ぐらい　日本語を　勉強します。
（よる）（じかん）

11時ごろ　寝ます。
（ね）

# Language Focus

## 1 動詞의 종류

| 1그룹動詞<br>（5段動詞） | ① 기본형이 「る」로 끝나지 않는 동사<br>보기) のむ　いく　ならう<br>② 기본형이 「る」로 끝나면서, 「る」 앞이 「あ段」「う段」「お段」音일 경우<br>보기) かかる（**か**　き　く　け　こ）<br>　　　ふる（は　ひ　**ふ**　へ　ほ）<br>　　　のる（な　に　ぬ　ね　**の**） |
|---|---|
| 2그룹動詞<br>（上1段動詞・<br>下1段動詞） | ① 기본형이 「る」로 끝나고, 「る」 앞이 「い段」音일 경우<br>보기) おきる（か　**き**　く　け　こ）<br>　　　みる（ま　**み**　む　め　も）<br>　　　いる（**あ**　い　う　え　お）<br>② 기본형이 「る」로 끝나고, 「る」 앞이 「え段」音일 경우<br>보기) たべる（ば　び　ぶ　**べ**　ぼ）<br>　　　でる（だ　ぢ　づ　**で**　ど）<br>　　　ねる（な　に　ぬ　**ね**　の） |
| 3그룹動詞<br>（カ行変格動詞・<br>サ行変格動詞） | くる<br>する |

## 2  動詞의 ～ます形

| 1グ룹動詞<br>（5段動詞） | 보기) のむ　▶のみます　（ま み む め も）<br>　　　いく　▶いきます　（か き く け こ）<br>　　　かかる▶かかります(ら り る れ ろ) |
|---|---|
| 2グ룹動詞<br>（上1段動詞・<br>下1段動詞） | 보기) おきる▶おきます<br>　　　いる　▶います<br>　　　たべる▶たべます |
| 3グ룹動詞<br>（カ行変格動詞・<br>サ行変格動詞） | くる▶きます<br>する▶します |

## 3  私は　毎朝　6時に　起きます。

① 朝は　いつも　牛乳を　飲みます。

② 夕ご飯は　たいてい　家で　食べます。

③ 毎日　学校へ　行きます。

④ 家から　会社まで　50分ぐらい　かかります。

⑤ 会社まで　電車で　行きます。

⑥ 毎日　10時から　11時まで　勉強します。

**4**

A 朝は　ご飯を　食べますか。

B いいえ、ご飯は　食べません。

　パンを　食べます。

① A 日曜日にも　学校へ　行きますか。

　 B いいえ、日曜日には　行きません。

② A 会社で　新聞を　読みますか。

　 B いいえ、会社では　読みません。

**5**

何時　何分ですか。

| | | | |
|---|---|---|---|
| 1時 | いちじ | 5分 | ごふん |
| 2時 | にじ | 10分 | じゅっぷん・じっぷん |
| 3時 | さんじ | 15分 | じゅうごふん |
| 4時 | よじ | 20分 | にじゅっぷん・にじっぷん |
| 5時 | ごじ | 25分 | にじゅうごふん |
| 6時 | ろくじ | 30分 | さんじゅっぷん・さんじっぷん |
| 7時 | しちじ | 半 | はん |
| 8時 | はちじ | 35分 | さんじゅうごふん |
| 9時 | くじ | 40分 | よんじゅっぷん・よんじっぷん |
| 10時 | じゅうじ | 45分 | よんじゅうごふん |
| 11時 | じゅういちじ | 50分 | ごじゅっぷん・ごじっぷん |
| 12時 | じゅうにじ | 55分 | ごじゅうごふん |

 4時　5分
（よじ　ごふん）

 7時　50分
（しちじ　ごじゅっぷん）
8時　10分前
（はちじ　じゅっぷんまえ）

 12時　半
（じゅうにじ　はん）

 9時　20分
（くじ　にじゅっぷん）

# Training

## 1 같은 것끼리 연결해 보자.

① 4時　25分　・　　　・ ⓐ しちじ　ごじゅっぷん

② 12時　半　・　　　・ ⓑ じゅうにじ　はん

③ 7時　50分　・　　　・ ⓒ くじ　じゅっぷんまえ

④ 9時　10分前　・　　　・ ⓓ よじ　にじゅうごふん

⑤ 2時　15分　・　　　・ ⓔ にじ　じゅうごふん

## 2 ☐ 안에 알맞은 조사를 써 넣어 보자.

① 夜、何時 ☐ 寝ますか。

② 学校 ☐ 行きます。

③ 電車 ☐ 会社 ☐ 行きます。

④ 家 ☐ 勉強します。

⑤ 電車の　中 ☐ 新聞 ☐ 読みます。

⑥ 家 ☐ ☐ 会社 ☐ ☐ 何分ぐらい　かかりますか。

⑦ 昼休みは　12時 ☐ ☐ 1時 ☐ ☐ です。

⑧ 日曜日 ☐ ☐ 学校 ☐ 行きません。

**3** 다음 물음에 보기와 같이 답해 보자.

보기
A いつも　牛乳を　飲みますか。(○)
B はい。いつも　牛乳を　飲みます。

① A 毎日　ご飯を　食べますか。(○)

B ___________________________________

② A 毎日　会社へ　行きますか。(×)

B ___________________________________

③ A 毎日　運動を　しますか。(○)

B ___________________________________

④ A 日曜日にも　勉強を　しますか。(×)

B ___________________________________

# Kotoba Bank

| | |
|---|---|
| あさ (朝) 아침 | ～から (시간)~부터 |
| いつも 언제나 | はじまる (始まる) 시작되다 |
| パン 빵 | ひるやすみ (昼休み) 점심시간 |
| たべる (食べる) 먹다 | ～まで (시간)~까지 |
| ～ます ~합니다, ~습니다 | おわる (終わる) 끝나다 |
| まいあさ (毎朝) 매일 아침 | ～へ (장소)~에 |
| ～じ (時) ~시 | かえる (帰る) 돌아오다, 돌아가다 |
| おきる (起きる) 일어나다 | ゆうごはん (夕ご飯) 저녁밥 |
| それから 그리고 나서 | たいてい 대개, 대체로 |
| ～ぐらい ~쯤, ~정도 ▶ 수량을 나타냄 | ニュース (news) 뉴스 |
| うんどう (運動) 운동 | みる (見る) 보다 |
| ～を ~을, ~를 | よる (夜) 밤 |
| する 하다 | じかん (時間) 시간 |
| ごはん (ご飯) 밥 | べんきょうする (勉強する) 공부하다 |
| ～ません ~지 않습니다 | ねる (寝る) 자다 |
| ぎゅうにゅう (牛乳) 우유 | ならう (習う) 배우다 |
| のむ (飲む) 마시다 | ふる (降る) (비, 눈이) 내리다 |
| はん (半) 반 | のる (乗る) 타다 |
| ～ごろ (頃) ~쯤 ▶ 시간·시기를 나타냄 | くる (来る) 오다 |
| いえ (家) 집 ▶ うち라고 읽기도 한다. | にちようび (日曜日) 일요일 |
| でる (出る) 나가다, 나오다 | ～にも ~에도 |
| かいしゃ (会社) 회사 | がっこう (学校) 학교 |
| かかる 걸리다, 들다 | なんじ (何時) 몇 시 |
| ～では (장소)~에서는 | なんぷん (何分) 몇 분 |
| よむ (読む) 읽다 | まいにち (毎日) 매일 |

# Japanese Box

## 일본의 음식

すし 초밥

てんぷら 튀김

刺身(さしみ) 회

すきやき 스키야키

しゃぶしゃぶ 샤브샤브

トンカツ 돈까쓰

カツ丼(どん) 돈까쓰덮밥

親子丼(おやこどん) 닭고기 계란덮밥

牛丼(ぎゅうどん) 쇠고기덮밥

天丼(てんどん) 튀김덮밥

うどん 우동

そば 메밀국수

# 金曜日の　コンパに
きんよう　び

# 行きますか。
い



**CD20**

イー　佐藤さん、今、時間が　ありますか。

佐藤　今は　ちょっと…　これから　アルバイトです。

イー　あしたは？

佐藤　授業は　ありませんが、午後　デパートへ　行きます。
　　　じゅぎょう　　　　　　　　　　ごご

5　イー　何か　買いますか。
　　　　　　か

佐藤　ええ。プレゼントを　買います。

イー　だれか　いっしょに　行きますか。

佐藤　いいえ、一人で　行きます。
　　　　　　ひとり

イー　あのう、佐藤さんは　金曜日の　コンパに　行きますか。

佐藤　いいえ、私は　行きません。

　　　学校で　セミナーが　あります。

　　　イーさんは　コンパに　行きますか。

イー　ええ、私は　行きます。　　　　　　　　　　　　5

佐藤　あ、イーさんは、いつ　レポートを　出しますか。

イー　レポートは　水曜日に　出します。

　　　でも、テストが　心配です。

佐藤　大丈夫です。日本語の　テストは　難しく　ありません。

イー　文法は　難しく　ありませんが、作文に　自信が　　　10

　　　ありません。

# Language Focus

**1** あしたの　午後、デパートへ　行き**ます**。

① A　何を　飲み**ます**か。

　　B　紅茶を　飲み**ます**。

② A　何を　食べ**ます**か。

　　B　ラーメンを　食べ**ます**。

③ A　何を　見**ます**か。

　　B　ニュースを　見**ます**。

④ きょうから　お酒は　飲み**ません**。

⑤ あした　友達の　家へ　行き**ます**。

⑥ あした　電話し**ます**。

**2** A　**何か**　買いますか。

B　**ええ**、プレゼントを　買います。

① A　**どこかへ**　行きますか。

　　B　**はい**、図書館へ　行きます。

② A　**だれか**　来ますか。

　　B　**ええ**、お客さんが　来ます。

③ A　**だれか**　いっしょに　行きますか。

　　B　**いいえ**、一人で　行きます。

**3** 授業は　ありませんが、デパートへ　行きます。

◀ 授業は　ありません。でも　デパートへ　行きます。

① ご飯は　食べませんが、パンは　食べます。

　　◀ ご飯は　食べません。でも　パンは　食べます。

② テレビは　見ませんが、本は　読みます。

　　◀ テレビは　見ません。でも　本は　読みます。

③ デザインは　いいですが、高いです。

　　◀ デザインは　いいです。でも　高いです。

④ 文法は　難しく　ありませんが、作文に　自信が
　　ありません。

　　◀ 文法は　難しく　ありません。でも　作文に　自信が
　　　　ありません。

**4**

おととい　◀　きのう　◀　きょう　▶　あした　▶　あさって

## 5　何曜日ですか

| | |
|---|---|
| **日曜日** | にちようび |
| **月曜日** | げつようび |
| **火曜日** | かようび |
| **水曜日** | すいようび |
| **木曜日** | もくようび |
| **金曜日** | きんようび |
| **土曜日** | どようび |

# Training

**1** 그림을 보고 다음 물음에 보기와 같이 답해 보자.

보기 
A 何を　飲みますか。
B <u>コーヒーを　飲みます。</u>

① 
A 何を　食べますか。
B ＿＿＿＿＿＿＿＿＿＿＿＿＿＿＿＿＿

② 
A 何を　飲みますか。
B ＿＿＿＿＿＿＿＿＿＿＿＿＿＿＿＿＿

③ 
A 何を　読みますか。
B ＿＿＿＿＿＿＿＿＿＿＿＿＿＿＿＿＿

④ 
A どこへ　行きますか。
B ＿＿＿＿＿＿＿＿＿＿＿＿＿＿＿＿＿

**2** □ 안에 알맞은 조사를 써 넣어 보자.

① A 何□　買いますか。
B 洋服を　買います。

② A 何□　買いますか。
B ええ、くつを　買います。

③ A だれ　　　来ますか。

　B お客さんが　来ます。

④ A どこ　へ　行きますか。

　B いいえ、どこへも　行きません。

⑤ A 部屋　　中に　だれ　　いますか。

　B いいえ、だれも　いません。

# 3 짧은글짓기

① 木村 씨는 오지만, 佐藤 씨는 안 옵니다.

　▶ ______________________________

② 테스트는 모레 있습니다.

　▶ ______________________________

③ 책은 사겠습니다만, 사전은 사지 않겠습니다.

　▶ ______________________________

④ 오늘은 토요일입니다.

　▶ ______________________________

⑤ 방 안에는 아무도 없습니다.

　▶ ______________________________

| | |
|---|---|
| きんようび(金曜日) 금요일 | でも 그렇지만, 그러나 |
| コンパ (주로 대학생들의) 술 마시는 모임 | だいじょうぶだ(大丈夫だ) 걱정없다, 괜찮다 |
| ちょっと 조금, 좀 | むずかしい(難しい) 어렵다 |
| これから 지금부터, 이제부터 | ぶんぽう(文法) 문법 |
| アルバイト(Arbeit) 아르바이트 | さくぶん(作文) 작문 |
| あした(明日) 내일 | じしん(自信) 자신 |
| じゅぎょう(授業) 수업 | こうちゃ(紅茶) 홍차 |
| ～が ～지만 | ラーメン 라면 |
| ごご(午後) 오후 | きょう(今日) 오늘 |
| なにか(何か) 뭔가 | おさけ(お酒) 술 |
| かう(買う) 사다 | でんわする(電話する) 전화하다 |
| プレゼント(present) 프레젠트, 선물 | おきゃくさん(お客さん) 손님 |
| だれか(誰か) 누군가 | おととい 그저께 |
| いっしょに(一緒に) 같이 | きのう(昨日) 어제 |
| ひとりで(一人で) 혼자서 | あさって 모레 |
| いつ 언제 | げつようび(月曜日) 월요일 |
| レポート(report) 리포트 | かようび(火曜日) 화요일 |
| だす(出す) 내다, 제출하다 | もくようび(木曜日) 목요일 |
| すいようび(水曜日) 수요일 | どようび(土曜日) 토요일 |
| セミナー(seminar) 세미나 | くつ(靴) 구두, 신발 |
| テスト(test) 테스트, 시험 | |
| しんぱいだ(心配だ) 걱정이다, 염려되다 | |

# 13

何か
<ruby>なに</ruby>

食べましょうか。
<ruby>た</ruby>



**CD21**

イー　もう　2時ですね。何か　食べましょうか。

佐藤　ええ、食べましょう。

イー　てんぷら定食は　どうですか。
　　　ていしょく

佐藤　いいですね。行きましょう。

5

イー　韓国語の　勉強は
　　　かんこく ご
　　　おもしろいですか。

佐藤　ええ、おもしろいですが、授業は
　　　たいへんです。

イー　　何が　いちばん　たいへんですか。

佐藤　　発音が　いちばん　難しいです。
　　　　はつおん

イー　　そうですか。

佐藤　　来週は　また　試験が　あります。
　　　　らいしゅう　　　　　しけん

イー　　試験は、いつから　いつまでですか。

佐藤　　24日から　来月の　2日までです。
　　　　にじゅうよっか　らいげつ　　ふつか

5

イー　　あのう、いっしょに　映画でも　どうですか。
　　　　　　　　　　　　　　えい が

佐藤　　いつですか。

イー　　今度の　週末は　どうですか。
　　　　こんど　　しゅうまつ

佐藤　　土曜日は　ちょっと…　約束が　あります。
　　　　　　　　　　　　　　　やくそく

イー　　そうですか。

　　　　日曜日は　どうですか。

佐藤　　日曜日は　大丈夫です。

　　　　何時に　会いましょうか。
　　　　 あ

イー　　1時に　会いましょう。

　　　　どこで　会いましょうか。

佐藤　　映画館の　前で
　　　　えい が かん

　　　　会いましょう。

10

# Language Focus

**1**

A 何か　食べ**ましょうか**。

B ええ、食べ**ましょう**。

① A 手伝い**ましょうか**。

　 B すみません。おねがいします。

② A どこで　会い**ましょうか**。

　 B ホテルの　コーヒーショップで　会い**ましょう**。

③ A いつか　いっしょに　行き**ましょう**。

　 B ええ、そうし**ましょう**。

**2**

A てんぷら　定食は　**どうですか**。

B いいですね。

① A お茶、**どうですか**。

　 B ありがとう。いただきます。

② A 週末、映画でも　**どうですか**。

　 B 土曜日は　ちょっと…　約束が　あります。

③ A 日曜日は　**どうですか**。

　 B 日曜日は　大丈夫です。

**3**

A　いつから　いつまでですか。

B　24日から　来月の　2日までです。

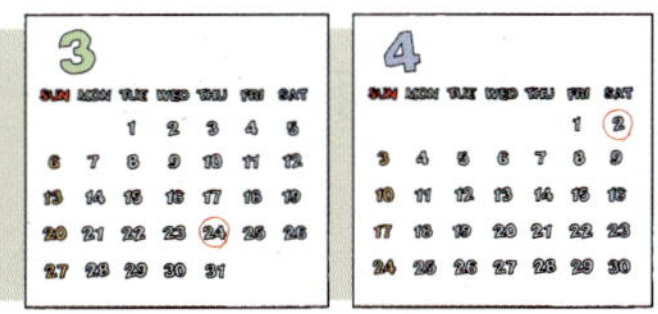

① 日本語の　授業は　月曜日から　金曜日までです。

② 映画は　土曜日の　夜　9時から　11時までです。

③ 今月は　1日から　31日までです。

④ 家から　会社まで　1時間　かかります。

**4**

何月ですか。

| 1月 | 2月 | 3月 | 4月 |
|---|---|---|---|
| いちがつ | にがつ | さんがつ | しがつ |
| 5月 | 6月 | 7月 | 8月 |
| ごがつ | ろくがつ | しちがつ | はちがつ |
| 9月 | 10月 | 11月 | 12月 |
| くがつ | じゅうがつ | じゅういちがつ | じゅうにがつ |

## 5 何日ですか。

| | | | | | |
|---|---|---|---|---|---|
| 1日 | ついたち | 11日 | じゅういちにち | 21日 | にじゅういちにち |
| 2日 | ふつか | 12日 | じゅうににち | 22日 | にじゅうににち |
| 3日 | みっか | 13日 | じゅうさんにち | 23日 | にじゅうさんにち |
| 4日 | よっか | 14日 | じゅうよっか | 24日 | にじゅうよっか |
| 5日 | いつか | 15日 | じゅうごにち | 25日 | にじゅうごにち |
| 6日 | むいか | 16日 | じゅうろくにち | 26日 | にじゅうろくにち |
| 7日 | なのか | 17日 | じゅうしちにち | 27日 | にじゅうしちにち |
| 8日 | ようか | 18日 | じゅうはちにち | 28日 | にじゅうはちにち |
| 9日 | ここのか | 19日 | じゅうくにち | 29日 | にじゅうくにち |
| 10日 | とおか | 20日 | はつか | 30日 | さんじゅうにち |
| | | | | 31日 | さんじゅういちにち |

## 6

せんせんしゅう　　せんしゅう　　こんしゅう　　らいしゅう　　さらいしゅう
先先週 ◀ 先週 ◀ 今週 ▶ 来週 ▶ 再来週

せんせんげつ　　せんげつ　　こんげつ　　らいげつ　　さらいげつ
先先月 ◀ 先月 ◀ 今月 ▶ 来月 ▶ 再来月

# Training

**1** 달력을 보고 보기와 같이 날짜와 요일을 ひらがな로 써 보자.

보기
**みっか, もくようび**

4

| 日 | 月 | 火 | 水 | 木 | 金 | 土 |
|---|---|---|---|---|---|---|
| | | | 1 | 2 | 3 (보기) | 4 |
| 5 | 6 | 7 | 8 | 9 | 10 | 11 ① |
| 12 | 13 | 14 ② | 15 | 16 | 17 | 18 |
| 19 | 20 ③ | 21 | 22 | 23 | 24 | 25 |
| 26 ④ | 27 | 28 | 29 ⑤ | 30 | 31 | |

① _______________

② _______________

③ _______________

④ _______________

⑤ _______________

**2** 보기와 같이 (    ) 안의 단어를 사용하여 질문과 대답을 만들어 보자.

보기　（会う, 映画館の　前）

A　どこで　会いましょうか。

B　映画館の　前で　会いましょう。

① （飲む, 紅茶）

   A ________________________

   B ________________________

② （会う, 4時）

   A ________________________

   B ________________________

③ （行く, 土曜日の　午後）

   A ________________________

   B ________________________

④ （行く, 電車）

   A ________________________

   B ________________________

## 3　짧은글짓기

① 같이 식사라도 할까요?

   ▶ ________________________

② 화요일 아침에 만납시다.

   ▶ ________________________

③ 시험은 3일부터 7일까지입니다.

   ▶ ________________________

# Kotoba Bank

| | |
|---|---|
| もう 벌써 | えいが (映画) 영화 |
| ～ましょうか ～(ㄹ)까요? | こんど (今度) 이번, 이다음 |
| ～ましょう ～(ㅂ)시다 | しゅうまつ (週末) 주말 |
| てんぷら 튀김 | やくそく (約束) 약속 |
| ていしょく (定食) 정식 | あう (会う) 만나다 |
| おもしろい (面白い) 재미있다 | えいがかん (映画館) 영화관, 극장 |
| たいへんだ (大変だ) 큰일이다 | てつだう (手伝う) 돕다 |
| はつおん (発音) 발음 | ホテル (hotel) 호텔 |
| らいしゅう (来週) 다음 주 | コーヒーショップ (coffee shop) 커피숍 |
| また 또 | いつか 언젠가 |
| しけん (試験) 시험 | こんげつ (今月) 이달 |
| にじゅうよっか (二十四日) 24일 | ついたち (一日) 1일 |
| らいげつ (来月) 다음 달 | さんじゅういちにち (三十一日) 31일 |
| ふつか (二日) 2일 | なんがつ (何月) 몇 월 |
| ～でも ～라도 | なんにち (何日) 며칠 |

# 조사 정리 제1과~제13과

| 1 は | ~은, ~는 | ・私は　学生です。<br>・私は　行きますが、キムさんは　行きません。 |
|---|---|---|
| 2 も | ~도 | ・Ａ：この　本は　佐藤さんのです。<br>　Ｂ：この　ノートも　佐藤さんのですか。 |
| 3 が | ~이, ~가 | ・Ａ：あれは　63ビルです。<br>　Ｂ：ああ、あれが　63ビルですか。<br>・韓国語は　発音が　いちばん　難しいです。 |
| | ~을, ~를<br>~지만,<br>~입니다만 | ・私は　果物が　好きです。<br>・文法は　難しく　ありませんが、作文に<br>　自信が　ありません。 |
| 4 の | ~의 | ・これは　私の　パソコンです。<br>・田中さんは　日本語の　先生です。 |
| | ~의 것<br>~에 있는 | ・あの　白い　バックは　私のです。<br>・お姉さんの　前の　人は　だれですか。 |
| 5 と | ~와, ~과 | ・姉と　妹が　います。<br>・富士山と　ソラクサンと　どちらが　高いですか。 |
| 6 や<br>など | ~와, ~과<br>~등 | ・銀行や　病院や　郵便局などが　あります。 |
| 7 に | ~에 | ・電話は　テーブルの　上に　あります。<br>・私は　毎朝　6時に　起きます。<br>・友達と　デパートに　行きます。<br>・作文に　自信が　あります。 |
| 8 へ | ~에 | ・8時ごろ　家へ　帰りました。 |
| 9 で | ~(으)로<br>~에서<br>~서 | ・会社までは　電車で　行きます。<br>・学校で　日本語を　習います。<br>・一人で　行きます。 |
| 10 を | ~을, ~를 | ・私は　毎朝　運動を　します。 |

| | | |
|---|---|---|
| **11** から<br>まで | ~부터<br>~까지 | ・昼休みは　12時**から**　1時**まで**です。<br>・家**から**　会社**まで**は　50分ぐらい　かかります。 |
| **12** ぐらい | ~정도 | ・毎朝　30分**ぐらい**　運動を　します。 |
| **13** ごろ | ~쯤 | ・11時**ごろ**　寝ます。 |
| **14** か | ~가<br><br>~까 | ・A：何**か**　買いますか。<br>　B：はい。<br>・A：何を　買います**か**。<br>　B：プレゼントを　買います。 |
| **15** ね | ~군요 | ・立派な　建物です**ね**。<br>・A：この　時計、いいです**ね**。<br>　B：そうです**ね**。 |
| **16** より | ~보다 | ・兄は　私**より**　三つ　上です。 |

# 복습문제 제1과~제13과

**1** ☐ 안에 알맞은 조사를 써 넣어 보자.

① A あれは　ソウルタワーです。

　　B ああ、あれ☐　ソウルタワーですか。

② 時間が　ありませんね。タクシー☐　行きましょう。

③ 果物は　何☐　お好きですか。

④ 日本語☐　勉強は　おもしろいです。

⑤ A この　中に　何☐　ありますか。

　　B はい、あります。

　　A 何☐　ありますか。

　　B 本が　あります。

⑥ A キムさんも　学生ですか。

　　B いいえ、キムさん☐　会社員です。

⑦ ジュース☐　コーラ☐　どちらが　好きですか。

⑧ 田中先生の　隣☐　人は　だれですか。

⑨ 9時☐☐　家へ　帰りました。

⑩ 会社☐☐　何分☐☐☐　かかりますか。

## 2 (　　) 안에 알맞은 말을 써 넣어 보자.

① A これは　（　　　）の　かばんですか。

　 B それは　イーさんのです。

② A あれは　（　　　）ですか。

　 B あれは　63ビルです。

③ A ソウル駅は　（　　　）ですか。

　 B あそこです。

④ A スポーツの　中で　（　　　）が　いちばん　好きですか。

　 B テニスが　好きです。

⑤ A お手洗いは　（　　　）に　ありますか。

　 B 電話ボックスの　隣です。

⑥ A この　女の人は　（　　　）ですか。

　 B 妹です。

⑦ A （　　　）に　家へ　帰りますか。

　 B たいてい　8時ごろ　帰ります。

⑧ A レポートは　（　　　）出しますか。

　 B あした、出します。

⑨ A 木村さんの　かばんは　（　　　）ですか。

　　B あれです。

⑩ A 今　（　　　）ですか。

　　B 10時半です。

## 3　_____에 알맞은 말을 써 넣어 보자.

① パク　これは　高橋さんの　バッグですか。

　　高橋　いいえ、それは　私の　バッグ___________。

② A 寒いですか。

　　B いいえ、______________________________。

③ A バナナと　りんごと　どちらが　好きですか。

　　B りんご______________________________。

④ A 何を　飲みますか。

　　B ワインを______________________________。

⑤ A あした　どこかへ　行きますか。

　　B _________、どこへも　行きません。

⑥ A 何時に　会いましょうか。

　　B 午後　4時に＿＿＿＿＿＿＿＿＿＿＿＿＿＿＿＿＿。

⑦ A 会社は　何時に　終わりますか。

　　B 6時に＿＿＿＿＿＿＿＿＿＿＿＿＿＿＿＿＿＿＿。

⑧ 田中　キムさんの　お兄さんは　おいくつですか。

　　キム　＿＿＿＿＿＿＿は　28歳です。

# 遅(おそ)くまで ビデオを 見(み)ました。

きのうは 一日中(いちにちじゅう) 雨(あめ)が 降(ふ)りました。
私は 家で 本を 読みました。
夜は 遅(おそ)くまで ビデオを 見ました。

きょうは 朝9時ごろ 起きました。

きょうも あまり いい 天気(てんき)じゃ ありませんでした。

掃除(そうじ)と 洗濯(せんたく)を しました。それから お風呂(ふろ)に 入(はい)りました。

午後は　友達に　会いました。

私たちは　シンチョンで　買い物を　しました。

私は　新しい　くつと　Tシャツを　買いました。

友達は　何も　買いませんでした。

私たちは　買い物の後、レストランで　とんカツを　食べました。そこは　広くて　きれいな　店でした。

食事の後、映画館へ　行きました。韓国の　映画を　見ました。

9時半ごろ、家へ　帰りました。

楽しい　一日でした。

# Language Focus

**1**

A 楽しい　一日でしたか。

B はい、楽しい　一日でした。

B′ いいえ、楽しい　一日じゃ　ありませんでした。

① きょうは　いい　天気でした。

② きのうは　私の　誕生日でした。

③ あまり　いい　天気じゃ　ありませんでした。

④ A おもしろい　映画でしたか。

　B いいえ、あまり　おもしろい　映画じゃ　ありません
　　でした。

**2**

A どこかへ　行きましたか。

B はい、友達の　家へ　行きました。

B′ いいえ、どこへも　行きませんでした。

① A 何か　買いましたか。

　B いいえ、何も　買いませんでした。

② たまに　電話は　しましたが、手紙は　書きませんでした。

③ 図書館へ　行きましたが、勉強は　しませんでした。

**3** 買い物の後、レストランで　とんカツを　食べました。

① 食事の後、映画を　見ました。

② お風呂の後、ビールを　飲みました。

# Training

**1** 두 그림을 보고 보기와 같이 문장을 만들어 보자.

보기 ▶ <u>掃除は　しましたが、洗濯は　しませんでした。</u>

①  

▶ _______________________________

②  

▶ _______________________________

③  

▶ _______________________________

**2** 그림을 보고 다음 물음에 보기와 같이 답해 보자.

보기

A 天気は　どうでしたか。
B <u>いい　天気でした</u>。

① A きれいな　店でしたか。

B ___________________________

② A きのうは　イーさんの　誕生日でしたか。

B ___________________________

③ A おもしろい　映画でしたか。

B ___________________________

**3** 짧은글짓기

① 오늘 아침은 아무것도 먹지 않았습니다.

▶ ___________________________

② 어제 일본인 친구가 한국에 왔습니다.

▶ ___________________________

③ 식사를 한 다음 텔레비전을 보았습니다.

▶ ___________________________

# Kotoba Bank

| | |
|---|---|
| おそく（遅く）늦게 | ～のあと（～の後）～한 다음 |
| ～ました ～했습니다, ～았(었)습니다 | とんカツ 돈까스(서양 음식의 포크커틀릿) |
| いちにちじゅう（一日中）하루 종일 | ▶「돼지」의 とん(豚)과「커틀릿(cutlet)」 |
| ～じゅう（～中）～내내 | 의 일본식 발음 カツ가 합쳐서 된 말. |
| あめ（雨）비 | しょくじ（食事）식사 |
| ～じゃ ありませんでした ～이(가) 아니 | たのしい（楽しい）즐겁다 |
| 었습니다 | いちにち（一日）하루 |
| そうじ（掃除）청소 | ～でした ～였습니다 |
| せんたく（洗濯）빨래 | たんじょうび（誕生日）생일 |
| おふろ（お風呂）목욕 | どこかへ 어딘가에 |
| はいる（入る）들어가다 | どこへも 어디에도, 아무데에도 |
| お風呂に 入る 목욕하다 | たまに 가끔 |
| シンチョン 신촌 | てがみ（手紙）편지 |
| かいもの（買い物）쇼핑, 물건사기 | かく（書く）쓰다 |
| あたらしい（新しい）새롭다 | なつやすみ（夏休み）여름방학 |
| Tシャツ（T-shirt）티셔츠 | いちねん（一年）일년 |
| ～ませんでした ～지 않았습니다 | くに（国）나라 |

# 일본의 사계

### <ruby>春<rt>はる</rt></ruby> 봄

季節(きせつ) 계절
暖かい(あたたかい) 따뜻하다
桜(さくら) 벚꽃
花見(はなみ) 벚꽃놀이

梅雨(つゆ) 장마
雨(あめ) 비
傘(かさ) 우산

### <ruby>夏<rt>なつ</rt></ruby> 여름

暑い(あつい) 덥다
蒸し暑い(むしあつい) 무덥다
汗(あせ) 땀

### <ruby>秋<rt>あき</rt></ruby> 가을

涼しい(すずしい) 시원하다
風(かぜ) 바람
落ち葉(おちば) 낙엽

### <ruby>冬<rt>ふゆ</rt></ruby> 겨울

寒い(さむい) 춥다
雪(ゆき) 눈
氷(こおり) 얼음

# 15

今年(ことし)の 夏(なつ)は とても

暑(あつ)かったです。



CD23

今年(ことし)の 夏(なつ)は とても 暑かったです。

夏休(なつやす)みに、友達と いっしょに 海へ 行きました。

三日間(みっかかん)、海の 近(ちか)くの ホテルに 泊(と)まりました。

部屋は すこし 狭かった

5 ですが、明るくて きれい

でした。

部屋からの けしきは

とても すばらしかった

です。

でも、ホテルの　人たちは　あまり　親切（しんせつ）じゃ　ありません
でした。

毎日（まいにち）　いい　天気でした。
海は　人で　いっぱいでした。私たちも　海で　泳（およ）ぎまし
た。とても　楽しかったです。

5

夜は　街を　歩（ある）きました。
はじめの　日（ひ）は、街の　あちらこちら
を　見物（けんぶつ）しました。
二日目（め）の　夜は、カラオケで　歌（うた）を
歌（うた）いました。
お土産（みやげ）やさんで、家族の　お土産を
買いました。

10

食べ物（た　もの）の　中では　刺し身（さ　み）が　いちばん　おいしかったです。
刺し身は　新鮮（しんせん）でしたが、あまり　安く　ありませんでした。

# Language Focus

**1**

A　食べ物は　どうでしたか。
B　おいしかったです。
B′　おいしく　ありませんでした。

① ホテルの　部屋は　狭かったです。

② 天気は　よかったです。

③ 映画は　あまり　おもしろく　ありませんでした。

④ A　寒かったですか。

　　B　いいえ、あまり　寒く　ありませんでした。

**2**

A　刺し身は　どうでしたか。
B　新鮮でした。
B′　新鮮じゃ　ありませんでした。

① ホテルの　部屋は　きれいでした。

② 水は　あまり　きれいじゃ　ありませんでした。

③ 交通は　あまり　便利じゃ　ありませんでした。

④ A　店の　人は　親切でしたか。

　　B　いいえ、あまり　親切じゃ
ありませんでした。

**3**

| | | | | | |
|---|---|---|---|---|---|
| おととい ◀ | 昨日（きのう） ◀ | 今日（きょう） ▶ | 明日（あした） ▶ | あさって | 毎日（まいにち） |
| 先先週（せんせんしゅう） | 先週（せんしゅう） ◀ | 今週（こんしゅう） ▶ | 来週（らいしゅう） ▶ | 再来週（さらいしゅう） | 毎週（まいしゅう） |
| 先先月（せんせんげつ） | 先月（せんげつ） ◀ | 今月（こんげつ） ▶ | 来月（らいげつ） ▶ | 再来月（さらいげつ） | 毎月（まいつき） |
| おととし ◀ | 去年（きょねん） ◀ | 今年（ことし） ▶ | 来年（らいねん） ▶ | 再来年（さらいねん） | 毎年（まいとし） |

**4** 何日間ですか。／何日目ですか。

| | 〜（間） | 〜目 |
|---|---|---|
| 一日 | いちにち（かん） | いちにちめ |
| 二日 | ふつか（かん） | ふつかめ |
| 三日 | みっか（かん） | みっかめ |
| 四日 | よっか（かん） | よっかめ |
| 五日 | いつか（かん） | いつかめ |
| 六日 | むいか（かん） | むいかめ |
| 七日 | なのか（かん） | なのかめ |
| 八日 | ようか（かん） | ようかめ |
| 九日 | ここのか（かん） | ここのかめ |
| 十日 | とおか（かん） | とおかめ |

## 5 활용형의 정리

| | 現在 | | 過去 | |
|---|---|---|---|---|
| | 肯定 | 否定 | 肯定 | 否定 |
| 名　詞 | 休みです | 休み**じゃ** ありません | 休みでした | 休み**じゃ** ありませんでした |
| ナ形容詞 | 便利です | 便利**じゃ** ありません | 便利でした | 便利**じゃ** ありませんでした |
| イ形容詞 | 暑いです | 暑**く** ありません | 暑かったです | 暑**く** ありませんでした |
| 動　詞 | 行きます | 行きません | 行きました | 行きません でした |

# Training

**1**  _____에 알맞은 말을 써 넣어 보자.

① おととい ◀ _________ ◀ 今日 ▶ _________ ▶ あさって

② _________ ◀ 先週 ◀ _________ ▶ 来週 ▶ _________

③ 先先月 ◀ _________ ◀ 今月 ▶ _________ ▶ 再来月

④ _________ ◀ 去年 ◀ _________ ▶ 来年 ▶ _________

**2**  보기와 같이 (     ) 안의 단어를 사용하여 질문과 대답을 만들어 보자.

보기　(ホテルの　部屋, きれいだ)

A　ホテルの　部屋は　どうでしたか。

B　きれいでした。

① (天気, いい)

A _______________________________

B _______________________________

② (食べ物, 安い＋おいしい)

A _______________________________

B _______________________________

③ （交通, 便利だ）

A ______________________________

B ______________________________

**3** ______에 알맞은 말을 써 넣어 보자.

① 野菜は　新鮮でしたか。

▶ いいえ、あまり________________。

② 交通は　便利でしたか。

▶ いいえ、あまり________________。

③ きのうの　パーティーは　楽しかったですか。

▶ いいえ、あまり________________。

| | |
|---|---|
| ことし（今年）올해 | けんぶつする（見物する）구경하다 |
| なつ（夏）여름 | 〜め（〜目）〜째 |
| 暑かったです 더웠습니다 | カラオケ 가라오케 ▶ から（空）+오케스 |
| 〜と　いっしょに（〜と　一緒に）〜와 | 　트라, 즉 노래는 없는 오케스트라라는 뜻 |
| 　（과）같이 | うた（歌）노래 |
| うみ（海）바다 | うたう（歌う）노래하다, 노래 부르다 |
| みっかかん（三日間）3일간 | おみやげやさん（お土産やさん）선물가 |
| ちかく（近く）근처, 가까운 곳 | 　게 |
| とまる（泊まる）머물다, 숙박하다 | おみやげ（お土産）선물 ▶ 주로 여행지, |
| すこし（少し）조금 | 　외지에서 사 가지고 오는 선물 |
| きれいでした 깨끗했습니다 | たべもの（食べ物）먹을 것, 음식 |
| 〜からの 〜에서 보는, 〜에서 보이는 | さしみ（刺し身）회 |
| けしき（景色）경치, 풍경 | 安く　ありませんでした 싸지 않았습니다 |
| すばらしい 멋있다, 훌륭하다 | しんせんだ（新鮮だ）신선하다, 싱싱하다 |
| ひとたち（人たち）사람들 | まいしゅう（毎週）매주 |
| しんせつだ（親切だ）친절하다 | まいつき・まいげつ（毎月）매월 |
| 親切じゃ　ありませんでした 친절하지 | まいとし・まいねん（毎年）매년 |
| 　않았습니다 | おととし 재작년 |
| ひとで（人で）사람으로 | きょねん（去年）작년 |
| いっぱいだ 가득하다, 가득차다 | らいねん（来年）내년 |
| およぐ（泳ぐ）헤엄치다, 수영하다 | さらいねん（再来年）내후년 |
| あるく（歩く）걷다, 산보하다 | なんにちかん（何日間）며칠간 |
| はじめ（初め）처음, 첫째 | なんにちめ（何日目）며칠째 |
| あちらこちら 여기저기 ▶ あちこち도 같 | やさい（野菜）야채, 채소 |
| 　은 뜻의 말이다. | パーティー（party）파티 |

# ボウリングでも しませんか。



CD24

木村 キムさん、久しぶりですね。お元気ですか。

キム ええ、おかげさまで。木村さんは。

木村 ええ。私も おかげさまで 元気です。

キム どちらへ？

木村 食事に 行きます。
　　 キムさん、お昼は？

キム 私も まだです。

木村 じゃ、ちょうど いいですね。
　　 いっしょに 行きませんか。

キム ええ、行きましょう。

| | |
|---|---|
| 木村 | このごろ、忙しいですか。 |
| キム | ええ、とても。きのうも　12時に　帰りました。 |
| 木村 | そうですか。 |
| キム | きょうも　残業する　予定です。食事を　する　時間<br>も　ありません。 |
| 木村 | それは　たいへんですね。 |

| | |
|---|---|
| 木村 | 今度の　日曜日、どうですか。いっしょに　ボウリン<br>グでも　しませんか。 |
| キム | 日曜日は　ちょっと…<br>会社の　お客さんを　迎えに、空港に　行く　予定で<br>す。 |
| 木村 | そうですか。残念ですね。<br>それじゃ、いつか、<br>いっしょに　お酒でも<br>飲みましょう。 |
| キム | そうですね。<br>そう　しましょう。 |

# Language Focus

**1　食事に　行きます。**

① 買い物に　出かけます。

② 勉強に　行きます。

③ 旅行に　行きます。

④ 出張に　行きます。

**2　お客さんを　迎えに　行きます。**

① 遊びに　来ました。

② 友達に　会いに　出かけました。

③ ビールを　買いに　スーパーへ　行きました。

④ 手を　洗いに　行きました。

**3　A　いっしょに　行きませんか。**
**　　B　ええ、行きましょう。**

① A　週末、お酒を　飲みに　行きませんか。
　　B　ああ、いいですね。

② A もう　すこし　食べ**ませんか**。

　 B いいえ、もう　けっこうです。

③ A きょう　映画でも　見に　行き**ませんか**。

　 B すみません。きょうは　ちょっと…。

**4** 食事を　する　時間も　ありません。

① 雨が　**降る**　**日**は　どこへも　行きません。

② これから　**見る**　**映画**は　フランスの　映画です。

③ あした　**会う**　**人**は　日本人です。

**1** 그림을 보고 ______에 알맞은 말을 써 넣어 보자.

① 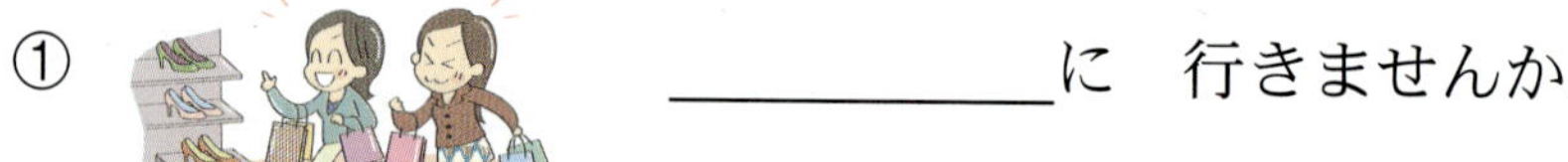 __________に 行きませんか。

②  __________に 行きませんか。

③  __________に 行きませんか。

④ 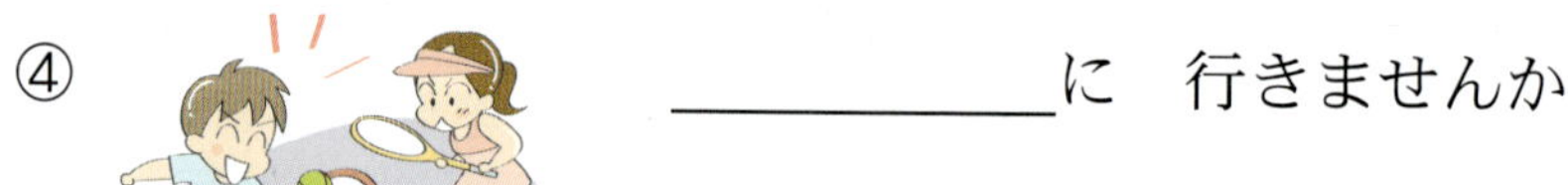 __________に 行きませんか。

**2** 보기와 같이 ( ) 안의 동사를 활용하여 문장을 완성시켜 보자.

> **보기** お客さんを <u>迎えに</u> 行きます。(迎える)

① __________に 行きませんか。(泳ぐ)

② __________に 来ませんか。(遊ぶ)

③ 手を__________に 行きました。(洗う)

④ てんぷらを__________に 行きましょう。(食べる)

⑤ 映画を__________に 行きませんか。(見る)

**3** 보기와 같이 (　　) 안의 동사를 문맥에 맞게 고쳐 보자.

> 보기　これから　見る　映画は　アメリカの　映画です。(見ます)

① 来月　日本へ　出張に＿＿＿＿＿予定です。(行きます)

② とても　忙しいです。食事を＿＿＿＿＿時間も　ありません。(します)

③ あした＿＿＿＿＿人は　だれですか。(来ます)


**4** 짧은글짓기

① 한국어를 공부하러 한국에 왔습니다.

▶ ＿＿＿＿＿＿＿＿＿＿＿＿＿＿＿＿＿＿＿＿＿＿

② 木村 씨, 맥주를 마시러 가지 않겠습니까?

▶ ＿＿＿＿＿＿＿＿＿＿＿＿＿＿＿＿＿＿＿＿＿＿

③ 내일 오는 손님은 누구입니까?

▶ ＿＿＿＿＿＿＿＿＿＿＿＿＿＿＿＿＿＿＿＿＿＿

# Kotoba Bank

| | |
|---|---|
| ボウリング (bowling) 볼링 | くうこう (空港) 공항 |
| しませんか 안 하겠습니까? 안 하겠어요? | ざんねんだ (残念だ) 섭섭하다, 유감스럽 |
| ひさしぶりだ (久しぶりだ) 오래간만이다 | 다 |
| おげんきだ (お元気だ) 건강하시다 | そう 그렇게 |
| おかげさまで 덕택에, 덕분으로 | でかける (出かける) 외출하다, 나가다 |
| どちらへ？ 어디 가십니까? | りょこう (旅行) 여행 |
| ～に (동작을 나타내는 명사나 동사의 | しゅっちょう (出張) 출장 |
| ます형)+～하러 | あそぶ (遊ぶ) 놀다 |
| おひる (お昼) 낮, 점심식사 | スーパー 슈퍼마켓 ▶ スーパーマーケッ |
| まだ 아직 | ト(supermarket)의 준말 |
| ちょうど 마침 | て (手) 손 |
| ちょうど いいですね 마침 잘 됐군요 | あらう (洗う) 씻다 |
| このごろ (この頃) 요즈음, 요새 | いいですね 좋네요 |
| いそがしい (忙しい) 바쁘다 | もう 조금, 더 |
| ざんぎょうする (残業する) 잔업하다 | もう けっこうです 이제 됐습니다, |
| よてい (予定) 예정 | 충분합니다 |
| むかえる (迎える) 맞다, 맞이하다 | フランス (France) 프랑스 |

# Japanese Box

## 교통수단

バス 버스

でん しゃ
電車 전철

ち か てつ
地下鉄 지하철

タクシー 택시

ひ こう き
飛行機 비행기

ふね
船 배

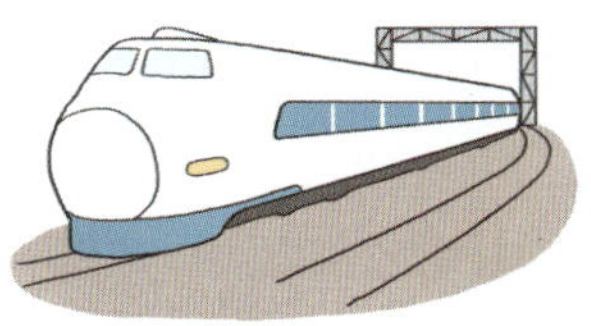

しん かん せん
新幹線 신칸센

じ てん しゃ
自転車 자전거

# Lesson 17

## 私は　サンドイッチに　します。



CD25

高橋　疲れましたね。すこし　休みましょうか。

キム　ええ。のども　かわきましたね。

高橋　じゃ、あの　平らな　岩の　ところで　休みましょう。

キム　それが　いいですね。おなかも　すきました。

高橋　のりまきと　サンドイッチと　ハンバーガーが　あり
　　　ますが、どれに　しますか。

キム　私は　どれでも　いいですが。

高橋　じゃ、私は　サンドイッチに　します。

キム　それじゃ、のりまきを　ください。

高橋　飲み物は　何が　いいですか。お水と　コーラと
ジュースが　あります。

キム　お水が　いいですね。

高橋　あ、熱い　コーヒーも　あります。

キム　ありがとうございます。後で　いただきます。　5

高橋　すこし　疲れましたが、山は　気持ちが　いいですね。

キム　そうですね。また　来ましょう。

高橋　次は　どこが　いいですか。

キム　どこでも　いいですが、ソラクサンは　どうですか。

高橋　いいですね。いつに　しましょうか。　10

キム　週末は　いつでも　いいです。

# Language Focus

**1**

A どれに　しますか。
B サンドイッチに　します。

① 私は　コーラに　します。

② お酒は　ウイスキーに　します。

③ A 今度の　旅行は　どこに　しましょうか。
　 B 今度は　タイに　しませんか。

④ A 何に　しますか。
　 B カレーライスに　します。

**2**

A 飲み物は　何が　いいですか。
B コーラが　いいです。

① A 送別会は　どこが　いいですか。
　 B どこでも　いいです。

② A パーティーは　いつが　いいですか。
　 B いつでも　いいです。

③ お土産は　何でも　いいです。

④ 18歳　以上の　人は　だれでも　いいです。

**3** 疲れましたね。すこし　休みましょうか。

① おなかが　すきましたね。何か　食べましょうか。

② のどが　かわきましたね。お茶でも　飲みましょうか。

**1** 그림을 보고 다음 물음에 보기와 같이 답해 보자.

보기 A 食事は　何に　しますか。
B <u>カレーライスに　します。</u>

① A 飲み物は　何に　しますか。

B ________________________________

② A お酒は　何に　しますか。

B ________________________________

③  A 白いのと　黒いのと　どちらに　します
か。

B ________________________________

④  A サンドイッチと　のりまきと　ハンバー
ガーの　中で　どれに　しますか。

B ________________________________

**2** ________에 알맞은 말을 써 넣어 보자.

① A パーティーは____________が　いいですか。

B いつでも　いいです。

② A 飲み物は__________が　いいですか。

　B アイスコーヒーが　いいです。

③ A この　次は__________が　いいですか。

　B どこでも　いいです。

**3** ______에 알맞은 말을 써 넣어 보자.

① おなかが　すきましたね。________________ましょうか。

② 疲れましたね。________________________________。

③ ________________________ね。何か　飲みましょうか。

**4** 짧은글짓기

① 무엇으로 하겠습니까?

▶ ________________________________

② 저는 뜨거운 커피로 하겠습니다.

▶ ________________________________

③ 저는 차가운 주스가 좋습니다.

▶ ________________________________

# Kotoba Bank

| | |
|---|---|
| サンドイッチ（sandwich）샌드위치 | のみもの（飲み物）마실 것, 음료수 |
| ～に　します ～으로 하겠습니다 | おみず（お水）물 |
| つかれる（疲れる）피곤해지다, 피곤하다 | コーラ（cola）콜라 |
| やすむ（休む）쉬다 | あつい（熱い）뜨겁다 |
| のど（喉）목 | あとで（後で）나중에 |
| かわく（渇く）목이 마르다 ▶ かわく（乾く）마르다, 건조하다 | きもち（気持ち）기분 |
| | また 또, 다시 |
| たいらだ（平らだ）평평하다, 고르다 | つぎ（次）다음 |
| いわ（岩）바위 | ウイスキー（whisky）위스키 |
| 岩の　ところ 바위가 있는 곳 | タイ（Thai）타일랜드, 태국 |
| おなか（お中／お腹）배 | カレーライス（curry and rice）카레라이스 |
| お腹が　すく 배가 고프다, 배가 고파지다 | |
| のりまき（のり巻き）김초밥 | そうべつかい（送別会）송별회 |
| ハンバーガー（hamburger）햄버거 | いじょう（以上）이상 |

## 색깔

---

### 赤<ruby>あか</ruby>(빨간색)

トマト 토마토　イチゴ 딸기

### 青<ruby>あお</ruby>(파란색)

海<ruby>うみ</ruby> 바다

---

### 白<ruby>しろ</ruby>(하얀색)

 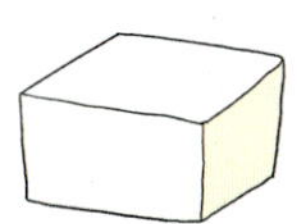

雲<ruby>くも</ruby> 구름　とうふ 두부

### 黒<ruby>くろ</ruby>(검정색)

のり 김

---

### 黄色<ruby>きいろ</ruby>(노란색)

バナナ 바나나　レモン 레몬

### 茶色<ruby>ちゃいろ</ruby>(갈색)

チョコレート 초콜릿　土<ruby>つち</ruby> 흙

---

### 緑色<ruby>みどりいろ</ruby>(녹색)

山<ruby>やま</ruby> 산　木<ruby>き</ruby> 나무

### 紫色<ruby>むらさきいろ</ruby>(보라색)

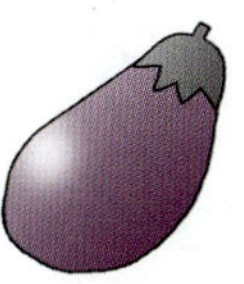

なす 가지

# 電話を　して　ください。
でん わ



CD26

パク　佐藤さん、あした　暇ですか。
　　　　　　　　　　　ひま

佐藤　ええ、あした、学校は　お休みです。

パク　それじゃ、家へ　遊びに　来ませんか。
　　　　　　　　うち　あそ

佐藤　それは　いいですね。

5　　　パクさんの　お宅は　どちらですか。
　　　　　　　　　たく

パク　家は　オリンピック公園から　近い　ところです。
　　　　　　　　　　　　こうえん

　　　地下鉄の　2号線に　乗って、チャムシル駅で　降りて
　　　ち か てつ　　　ごうせん　　　の　　　　　　　　　　　　　　お

　　　ください。

佐藤　2号線の　チャムシル駅ですね。

パク　ええ。駅に　着いて、電話して　ください。

　　　私が　車で　迎えに　行きます。

佐藤　そうですか。電話番号を　教えて　ください。

パク　そうですね。425の　6079番です。

佐藤　よん・に（い）・ご（う）の、…

　　　すみません、もう　一度　おねがいします。

パク　あ、はい。よん・に・ごの、ろく・ゼロ・なな・きゅう。

佐藤　425の　6079ですね。わかりました。

パク　2時ごろ　チャムシル駅まで　来て　ください。

佐藤　ええ。それじゃ、また　あした。

# Language Focus

## 1 動詞의 て形

### ① 1ユ룹動詞

| | | |
|---|---|---|
| 書く ▶ 書いて | 言う ▶ 言って | 死ぬ ▶ 死んで |
| 泳ぐ ▶ 泳いで | 待つ ▶ 待って | 飲む ▶ 飲んで |
| 話す ▶ 話して | 帰る ▶ 帰って | 呼ぶ ▶ 呼んで |

[例外] 行く ▶ 行って

### ② 2ユ룹動詞

| | |
|---|---|
| 起きる ▶ 起きて | 食べる ▶ 食べて |
| 見る ▶ 見て | 出る ▶ 出て |

### ③ 3ユ룹動詞

| | |
|---|---|
| 来（く）る ▶ 来（き）て | する ▶ して |

## 2 駅まで　来て　ください。

① ゆっくり　休んで　ください。

② 名前を　教えて　ください。

③ ちょっと　待って　ください。

④ 食事の　前は　手を　洗って　ください。

**3**

A 4・2・5の　6・0・7・9です。

B 425の　6079ですね(↗)。

① A ホテルの　コーヒーショップで　会いましょう。

　　B コーヒーショップですね。

② A 一番目の　信号で　右に　曲がって　ください。

　　B 右ですね。

③ A ソウル駅で　降りて　ください。

　　B ソウル駅ですね。

④ A コーヒー　ください。

　　B はい、コーヒーですね。

**4**

地下鉄に　乗って　チャムシル駅で

降りて　ください。

① 本屋で　本を　買って　帰りました。

② 電話を　して　行きました。

③ 食事を　して　コーヒーを　飲みました。

**5** もう　一度　言って　ください。

① もう　一つ　いかがですか。

② もう　すこし　待って　ください。

③ もう　一人　来ました。

**6** 何度ですか。

| 1度 | 2度 | 3度 | 4度 | 5度 |
|---|---|---|---|---|
| いちど | にど | さんど | よんど | ごど |
| 6度 | 7度 | 8度 | 9度 | 10度 |
| ろくど | ななど | はちど | きゅうど | じゅうど |

# Training

**1** 그림을 보고 뭐라고 말하고 있는지 힌트에서 찾아내어 써 보자.

① 

_________________

② 

_________________

③ 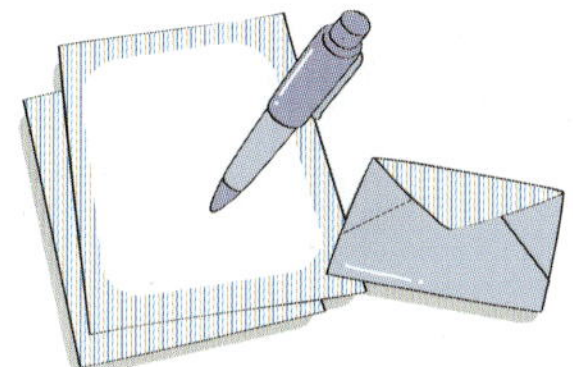

_________________

④ 

_________________

**힌트**

・乗って　ください　　・書いて　ください

・降りて　ください　　・食べて　ください

・飲んで　ください　　・教えて　ください

**2** 그림을 보고 ＿＿＿＿에 알맞은 말을 써 넣어 보자.

① 

映画を＿＿＿＿＿＿、買い物を＿＿＿＿＿＿、家へ
帰りました。

② 

ご飯を＿＿＿＿＿＿コーヒーを　飲みました。

③

テレビを＿＿＿＿＿＿寝ました。

④

電話を＿＿＿＿＿＿行きました。

# Kotoba Bank

| | |
|---|---|
| ひま(暇) 한가한 짬·시간 | ~ど(~度) ~번, ~회 |
| おやすみ(お休み) 쉬는 것, 휴일 ▶ お는 단어를 꾸미는 접두어이다. | もう いちど(もう 一度) 한번 더 ▶ 우리말과 어순이 다른 점에 주의한다. |
| おたく(お宅) 댁 ▶ お는 다른 사람에 대한 존경심을 나타내는 접두어이다. | かく(書く) 쓰다 |
| どちら 어느 쪽, 어디 | いう(言う) 말하다 |
| オリンピック(Olympic) 올림픽 | まつ(待つ) 기다리다 |
| こうえん(公園) 공원 | しぬ(死ぬ) 죽다 |
| ~から (장소)~에서부터 | よぶ(呼ぶ) 부르다 |
| ちかい(近い) 가깝다 | はなす(話す) 이야기하다 |
| ちかてつ(地下鉄) 지하철 | ゆっくり 천천히, 충분히 |
| ~ごうせん(~号線) ~호선 | なまえ(名前) 이름 |
| チャムシル 잠실 | ~ばんめ(~番目) ~번째 |
| おりる(降りる) (차에서) 내리다 | しんごう(信号) 신호 |
| ~ですね(↗) ~이지요 | まがる(曲がる) 돌다, 구부러지다 |
| つく(着く) 도착하다, 닿다 | もう ひとつ(もう 一つ) 하나 더 |
| くるま(車) 차, 자동차 | もう すこし(もう 少し) 조금 더 |
| でんわばんごう(電話番号) 전화번호 | もう ひとり(もう 一人) 한 사람 더 |
| おしえる(教える) 가르치다 | いかがですか 어떠십니까? |

# 休憩室で　たばこを
きゅう けいしつ

# 吸って　います。
す

**Key Expression**
❶ 今 たばこを 吸って います。
❷ ああ、山本さんですよ。
❸ まだですか。 → もう すぐです。

CD27

高橋　会議は　まだですか。
　　　かい ぎ

キム　いいえ、もう　すぐです。15分後に　始まります。
　　　　　　　　　　　　　　　　　　ご

高橋　15分後ですか。

キム　これ、いい　歌ですね。だれの　歌ですか。

5　高橋　さあ、ビートルズじゃ　ありませんか。


高橋　あのう、吉田さんや　木村さんは、どこに　いますか。
　　　　　　よし だ

キム　吉田さんは、会議室で　報告書を　書いて　います。
　　　　　　　　かい ぎ しつ　ほうこくしょ　か
　　　木村さんは、部長と　話を　して　います。
　　　　　　　　ぶ ちょう　はなし

高橋　あ、部長も　会議室ですか。

キム　いいえ、二人は　休憩室で　たばこを　吸って　います
　　　きゅうけいしつ　　　　　　　　　　　す
　　す

高橋　あちらで　電話を　かけて　いる　人は　だれですか。

キム　どこですか。ああ、山本さんですよ。
　　　　　　　　　　　　やまもと　　　　　　　　　　　　　5

高橋　山本さん？　山本さんは　きょうから　出張じゃ
　　　　　　　　　　　　　　　　　　　　しゅっちょう
　　ありませんか。

キム　出張は　あしたからです。

高橋　そうですか。ところで、今　読んで　いる　雑誌は
　　　　　　　　　　　　　　　　　　　　　　ざっし
　　何ですか。　　　　　　　　　　　　　　　　　　　10

キム　雑誌じゃ　ありませんよ。韓国の　会社の　カタログ
　　です。

# Language Focus

**1**

A 吉田さんは　どこに　いますか。

B 会議室で　報告書を　書いて　います。

① A 部長は　どこですか。

　 B 部長は、今、休憩室で　たばこを　吸って　います。

② 田中さんは　部屋で　音楽を　聞いて　います。

③ イーさんは　教室で　歌を　歌って　います。

**2**

電話を　かけて　いる　人は　だれですか。

① A どの　人が　キムさんですか。

　 B 新聞を　読んで　いる　人です。

② お酒を　飲んで　いる　人が　山下さんです。

③ あちらで　泳いで　いる　人が　キムさんです。

**3**

山本さんは　きょうから　出張じゃ　ありませんか。

① この　かさ、キムさんのじゃ　ありませんか。

② これは　木村さんの　車じゃ　ありませんか。

③ あれが　63ビルじゃ　ありませんか。

④ あの　人、吉田さんじゃ　ありませんか。

**4**

A あちらで　電話を　かけて　いる　人は　だれですか。
B 山本さんです**よ**。

① A これ、パクさんのじゃ　ありませんか。

　 B どこに　ありましたか。

　 A 机の　下に　ありました**よ**。

② A 韓国の　冬は　寒いですか。

　 B ええ、日本より　寒いです**よ**。

③ A この　店は　はじめてですか。

　 B ええ、はじめてです。

　 A ここの　てんぷらは　とても　おいしいです**よ**。

④ A あの　人は　だれですか。

　 B この　会社の　社長です**よ**。

# Training 

**1** 그림을 보고 보기와 같이 문장을 만들어 보자.

보기

イーさん

▶ <u>イーさんは　泳いで　います。</u>

① 田中さん

▶ ______________________________

② 佐藤さん

▶ ______________________________

③ パクさん

▶ ______________________________

④ キムさん

▶ ______________________________

⑤ 木村さん

▶ ______________________________

**2** （　　）안의 동사를 문맥에 맞게 고쳐 보자.

① あちらで　キムさんと＿＿＿＿＿人は　だれですか。(話す)

② もう　すぐ＿＿＿＿＿時間です。(始まる)

③ 電話を＿＿＿＿＿人が　佐藤さんです。(かける)

④ ここから　1時間ぐらい＿＿＿＿＿ところに　あります。
（かかる)


**3** 짧은글짓기

① 지금 먹고 있는 것은 무엇입니까?

▶ ＿＿＿＿＿＿＿＿＿＿＿＿＿＿＿＿＿＿＿＿

② 이거, 일본어 책이 아닙니까?

▶ ＿＿＿＿＿＿＿＿＿＿＿＿＿＿＿＿＿＿＿＿

③ 언니는 지금 텔레비전을 보고 있습니다.

▶ ＿＿＿＿＿＿＿＿＿＿＿＿＿＿＿＿＿＿＿＿

# Kotoba Bank

| | |
|---|---|
| きゅうけいしつ（休憩室） 휴게실 | かける 걸다 |
| たばこ 담배 | ～ですよ ～입니다, ～이에요 ▶ 요는 상대 |
| すう（吸う） 피우다 | 방에게 정보를 주는 경우나 가볍게 다짐 |
| 吸って います 피우고 있습니다 | 하거나 감탄을 나타내고 싶은 경우에 붙 |
| かいぎ（会議） 회의 | 인다. |
| まだ 아직 | ～じゃ ありませんか ～이(가) 아닌가 |
| まだですか 아직 멀었습니까? | 요? |
| もう すぐです 이제 곧 시작합니다 | ところで 그런데 ▶ 화제를 바꿀 때 쓴다. |
| ビートルズ（Beatles） 비틀즈 | ざっし（雑誌） 잡지 |
| かいぎしつ（会議室） 회의실 | カタログ（catalog） 카탈로그, 상품목록 |
| ほうこくしょ（報告書） 보고서 | かさ（傘） 우산 |
| ぶちょう（部長） 부장, 부장님 | ふゆ（冬） 겨울 |
| はなし（話） 이야기 | しゃちょう（社長） 사장, 사장님 |

## 장 소

### こうえん
**公園** 공원

### デパート 백화점

### ゆうえんち
**遊園地** 유원지

### プール 수영장

### ゲームセンター 오락실

### カラオケ 노래방

### じょう
**スキー場** 스키장

### いざかや
**居酒屋** 술집

# めがねを　かけて　いる　女の人です。
おんな　　　ひと



**CD28**

田中　イーさん、みんな　集まりましたか。
　　　　　　　　　　　　あっ

イー　はい、みんな　来て　います。

田中　あ、帽子が　落ちて　いますね。
　　　　　　　　　　　お

イー　それは　山本さんのです。

5　田中　どの　人が　山本さんですか。

イー　あの　めがねを　かけて　いる　女の人です。

田中　音楽を　聞きながら　新聞を　読んで　いる　人ですね。

イー　ええ、そうです。

田中　その　隣に　座って　いる　人は　だれですか。

イー　あの　人は　韓国の　パクさんです。

田中　そうですか。きれいな　セーターを　着て　いますね。

田中　そろそろ　行きましょうか。

　　　みなさん、ここへ　集まって　ください。

田中　木村さんの　顔が　見えませんね。

イー　あ、今　トイレに　行って　います。

田中　それじゃ、すこし　待ちましょうか。

# Language Focus

**1**　帽子が　落ちて　います。

① キムさんは　座って　いますが、
　　パクさんは　立って　います。

② 着物を　着て　います。

③ 赤い　靴下を　はいて　います。

④ 白い　帽子を　かぶって　います。

⑤ みんな　来て　います。

⑥ 兄は　日本に　行って　います。

**cf.** ② （鏡を　見ながら）　着物を　着て　います。

　　③ （隣の　部屋で）　靴下を　はいて　います。

　　④ （鏡を　見ながら）　帽子を　かぶって　います。

**2** 音楽を　聞きながら　新聞を　読んで　います。

① 音楽を　聞きながら　本を　読んで　います。

② 歩きながら　アイスクリームを　食べて　います。

③ テレビを　見ながら　ご飯を　食べて　います。

④ 働きながら　勉強するのは　たいへんです。

**1** 그림을 보고 _____에 알맞은 말을 써 넣어 보자.

田中さん　　高橋さん　　キムさん　　イーさん　　パクさん

① 田中さんは　黒い　くつを＿＿＿＿、めがねを＿＿＿＿＿。

② 高橋さんは　きれいな　着物を＿＿＿＿＿＿＿＿＿＿。

③ キムさんは　ワンピースを＿＿＿、イヤリングを＿＿＿＿
　＿＿＿＿＿＿＿＿＿＿＿＿＿＿。

④ 帽子を＿＿＿、Tシャツを＿＿＿＿人は　イーさんです。

⑤ パクさんは　白い　スカートを＿＿＿＿＿＿＿＿＿。
　帽子は＿＿＿＿＿＿＿＿＿。

## 2 그림을 보고 보기와 같이 문장을 만들어 보자.

보기

▶ <u>コーヒーを　飲みながら　友達と</u>
<u>話して　います。</u>

① 

▶ _______________________________

② 

▶ _______________________________

③ 

▶ _______________________________

# Kotoba Bank

| | |
|---|---|
| めがね（眼鏡）안경 | たつ（立つ）서다 |
| かける （몸에） 쓰다, 끼다 | きもの（着物）옷, 기모노(일본인의 전통 복장) |
| みんな 모두 | くつした（靴下）양말 |
| あつまる（集まる）모이다 | はく 신다, (바지나 스커트를) 입다 |
| おちる（落ちる）떨어지다 | かぶる （모자를） 쓰다 |
| ～ながら ～하면서 | かがみ（鏡）거울 |
| すわる（座る）앉다 | アイスクリーム（ice cream）아이스크림 |
| セーター（sweater）스웨터 | はたらく（働く）일하다 |
| きる（着る）입다 | ワンピース（one piece）원피스 |
| みえる（見える）보이다 | イヤリング（earring）이어링, 귀걸이 |
| トイレ 화장실 ▶ トイレット（toilet）의 줄임말 | スカート（skirt）스커트 |

# Japanese Box

## 여러 가지 가게

<ruby>八百屋<rt>や お や</rt></ruby> 야채가게

<ruby>肉屋<rt>にく や</rt></ruby> 정육점

<ruby>魚屋<rt>さかな や</rt></ruby> 생선가게

<ruby>果物屋<rt>くだ もの や</rt></ruby> 과일가게

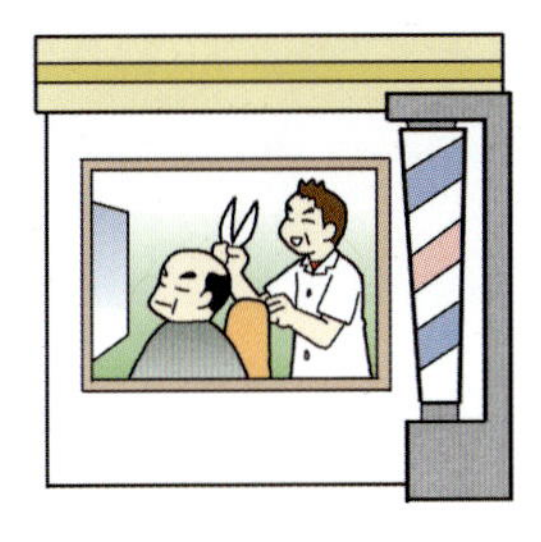

<ruby>床屋<rt>とこ や</rt></ruby> 이발소

<ruby>美容室<rt>び よう しつ</rt></ruby> 미용실

<ruby>文房具屋<rt>ぶん ぼう ぐ や</rt></ruby> 문방구

<ruby>靴屋<rt>くつ や</rt></ruby> 신발가게

パン<ruby>屋<rt>や</rt></ruby> 제과점

# もっと　仕事が（し ごと）　したいです。



CD29 私は　1979年生まれです。（ねん う）

父は　韓国人で、母は　日本人です。（かんこくじん）（に ほんじん）

日本で　生まれて、韓国で　育ちました。（そだ）

私には　結婚して　いる　兄が　一人　います。（けっこん）（あに）

5　兄夫婦は、今　大阪に　住んで　います。（ふう ふ）（おおさか）（す）

私は　大学で　デザインを　専攻しました。（だいがく）（せんこう）

コンピューター・グラフィックにも　たいへん　興味が（きょう み）

あります。

将来は　グラフィック・デザイナーに　なりたいです。（しょうらい）

私には　付き合って　いる　人が　います。
友達の　紹介で　知り合って、約一年前から　交際を
して　います。
彼は　証券会社に
勤めて　います。

彼は　早く　結婚したいと　言って　いますが、私は、今は
あまり　結婚したく　ありません。
もっと　仕事が　したいです。
いろいろな　経験を　する
時間が　ほしいです。
今は　結婚より　仕事の
ほうが　おもしろいです。

# Language Focus

**1** | もっと　仕事が　したいです。

① 水が　飲みたいです。

② 会社を　辞めたいです。

③ 家族に　会いたいです。

④ 今は　あまり　結婚したく　ありません。

⑤ ご飯を　食べたく　ありません。

**2** | 時間が　ほしいです。

① お金が　ほしいです。

② シルクの　スカーフが　ほしいです。

③ 早く　子供が　ほしいです。

**3** | グラフィック・デザイナーに　なりたいです。

① 小学校の　先生に　なりたいです。

② 社長に　なりたいです。

③ 有名な　人に　なりたいです。

**4**　彼は　早く　結婚したいと　言って　います。

① キムさんは　日本へ　行きたいと　言って　います。

② 田中さんは　3時に　来ますと　言いました。

**5**　何年ですか。

| 1年 | 2年 | 3年 | 4年 |
|---|---|---|---|
| いちねん | にねん | さんねん | よねん |
| 5年 | 6年 | 7年 | 8年 |
| ごねん | ろくねん | ななねん<br>しちねん | はちねん |
| 9年 | 10年 | 11年 | 12年 |
| きゅうねん | じゅうねん | じゅういちねん | じゅうにねん |

# 6 숫자 읽기

| | | | | | |
|---|---|---|---|---|---|
| 100 | ひゃく | 1,000 | せん | 10,000 | **いちまん** |
| 200 | にひゃく | 2,000 | にせん | 20,000 | にまん |
| 300 | **さんびゃく** | 3,000 | **さんぜん** | 30,000 | さんまん |
| 400 | よんひゃく | 4,000 | よんせん | 40,000 | よんまん |
| 500 | ごひゃく | 5,000 | ごせん | 50,000 | ごまん |
| 600 | **ろっぴゃく** | 6,000 | ろくせん | 60,000 | ろくまん |
| 700 | ななひゃく | 7,000 | ななせん | 70,000 | ななまん |
| 800 | **はっぴゃく** | 8,000 | **はっせん** | 80,000 | はちまん |
| 900 | きゅうひゃく | 9,000 | きゅうせん | 90,000 | きゅうまん |

| | |
|---|---|
| 10万 | じゅうまん |
| 100万 | ひゃくまん |
| 1000万 | いっせんまん |
| 1億 | いちおく |

# Training

**1** 보기와 같이 (　) 안의 동사를 문맥에 맞게 고쳐 보자.

**보기**　何か　冷たい　ものが　<u>飲みたいです</u>。(飲む)

① 疲れました。すこし＿＿＿＿＿＿＿＿＿＿。(休む)

② のどが　かわきました。水が＿＿＿＿＿＿。(飲む)

③ 早く　友達に＿＿＿＿＿＿＿＿＿＿＿。(会う)

④ 会社を＿＿＿＿＿＿＿＿＿＿＿＿。(辞める)

⑤ A　Bさんも　行きますか。

　　B　いいえ、私は　あまり＿＿＿＿＿＿＿。(行く)

**2** 그림을 보고 보기와 같이 문장을 만들어 보자.

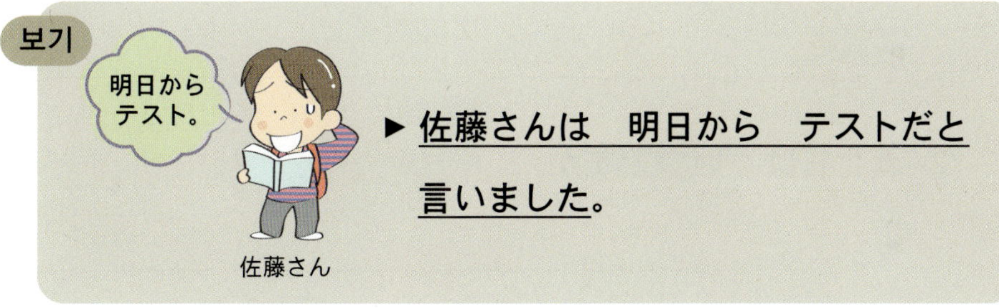


**보기**　▶ <u>佐藤さんは　明日から　テストだと</u>
<u>言いました。</u>

①

▶ ＿＿＿＿＿＿＿＿＿＿＿＿＿＿＿＿

## 3 옆 사람과 묻고 대답해 보자.

① 何年生まれですか。

▶ _______________________________

② 誕生日は　いつですか。

▶ _______________________________

③ 将来、何に　なりたいですか。

▶ _______________________________

# Kotoba Bank

| | |
|---|---|
| もっと 더욱 더 | つきあう (付き合う) 사귀다 |
| しごと (仕事) 일, 직업 | しょうかい (紹介) 소개 |
| 〜たいです 〜하고 싶습니다 | しりあう (知り合う) 서로 알게 되다 |
| 〜うまれ (〜生まれ) 〜생 | やく (約) 약 |
| かんこくじん (韓国人) 한국인 | こうさい (交際) 교제 |
| うまれる (生まれる) 태어나다 | しょうけんがいしゃ (証券会社) 증권회사 |
| そだつ (育つ) 크다, 성장하다 | つとめる (勤める) 근무하다 |
| けっこん (結婚) 결혼 | はやく (早く) 빨리, 일찍 |
| ふうふ (夫婦) 부부 | 〜と いう (〜と 言う) 〜라고 (말)하다 |
| おおさか (大阪) 오사카 ▶ 일본의 지명 | 〜たく ありません 〜하고 싶지 않습니다 |
| せんこうする (専攻する) 전공하다 | けいけん (経験) 경험 |
| グラフィック (graphic) 그래픽 | ほしいです 갖고 싶습니다 |
| きょうみ (興味) 흥미 | やめる (辞める) 그만두다 |
| しょうらい (将来) 장래 | おかね (お金) 돈 |
| デザイナー (designer) 디자이너 | シルク (silk) 실크, 비단 |
| 〜に なる 〜이(가) 되다 | しょうがっこう (小学校) 초등학교 |
| 〜に なりたいです 〜이(가) 되고 싶습니다 | なんねん (何年) 몇 년 |
| | たんじょうび (誕生日) 생일 |

# テストは　もう　終わりましたか。
お



CD30

佐藤　テストは　もう　終わりましたか。

イー　ええ、もう　終わりました。

　　　でも、レポートが　一つ　残って　います。
のこ

佐藤　そうですか。もう　すぐ　春休みですね。
はるやす

5　　　春休みに　国へ　帰りますか。
くに

イー　ええ、帰ります。

佐藤　飛行機の　予約は　もう
ひこうき　よやく
　　　しましたか。

イー　ええ、一か月前に　しました。
いっ　げつ

佐藤　ソウルまでの　料金は　いくらですか。
　　　　　　　　　　りょうきん

イー　往復で　3万円ぐらいです。
　　　おうふく　まんえん

佐藤　安いですね。国へ　帰って、何を　しますか。

イー　まず、友達に　会いたいです。

　　　それから、おいしい　ものを　たくさん　食べたいです。　　5

　　　佐藤さんも　春休みに　田舎へ　帰りますか。
　　　　　　　　　　　　　　いなか

佐藤　いいえ、ぼくは　アルバイトを　します。

　　　その　お金で　ヨーロッパ旅行を　したいです。
　　　　　　かね　　　　　　　　りょこう
　　　いろいろな　ところに　行って　みたいです。

イー　そうですか。アルバイト先は　もう　決まりましたか。　　10
　　　　　　　　　　　　　　さき　　　　　　き

佐藤　いいえ、まだ　決まって　いません。

# Language Focus

**1**

A　もう　決まりましたか。

B　はい、もう　決まりました。

B´　いいえ、まだ　決まって　いません。

① A　もう　読みましたか。

　 B　はい、もう　読みました。

② A　結婚して　いますか。

　 B　いいえ、結婚して　いません。

③ A　お昼は　もう　食べましたか。

　 B　いいえ、まだ　食べて　いません。

**2**　いろいろな　ところに　行って　みたいです。

① 北海道へ　行って　みたいです。

② この　音楽を　聞いて　みて　ください。

③ ちょっと　待って　ください。探して　みます。

④ 中に　入って　みましょう。

## 3 いくらですか。

| 1円 | 2円 | 3円 | 4円 | 5円 |
|---|---|---|---|---|
| いちえん | にえん | さんえん | よえん | ごえん |
| 6円 | 7円 | 8円 | 9円 | 10円 |
| ろくえん | ななえん | はちえん | きゅうえん | じゅうえん |

## 4 何か月ですか。

| 1か月 | 2か月 | 3か月 |
|---|---|---|
| いっかげつ | にかげつ | さんかげつ |
| 4か月 | 5か月 | 6か月 |
| よんかげつ | ごかげつ | ろっかげつ |
| 7か月 | 8か月 | 9か月 |
| ななかげつ | はっかげつ | きゅうかげつ |
| 10か月 | 11か月 | 12か月 |
| じゅっかげつ | じゅういっかげつ | じゅうにかげつ |

# Training

**1** _____에 알맞은 말을 써 넣어 보자.

① A 結婚して　いますか。(×)

B いいえ、まだ__________________________________。

② A 会議は　もう　終わりましたか。(○)

B はい、_________________________________、

③ A 試験は　もう　始まりましたか。(×)

B _______________________________________

④ A もう　予約を　しましたか。(×)

B _______________________________________

**2** 보기와 같이 _____에 가격을 ひらがな로 써 보자.

보기　A いくらですか。(6,800円)
　　　B ろくせんはっぴゃくえんです。

① A いくらですか。(534円)

B _______________________________________

② A いくらですか。(48,600円)

B _______________________________________

③ A いくらですか。(153,500円)

B ______________________________________

## 3 짧은글짓기

① 리포트를 벌써 냈습니까?

▶ ______________________________________

② 아니오, 아직 안 냈습니다.

▶ ______________________________________

③ 여러 가지 운동을 해 보고 싶습니다.

▶ ______________________________________

# Kotoba Bank

| | |
|---|---|
| のこる（残る）남다 | いなか（田舎）시골, 고향 |
| はるやすみ（春休み）봄방학 | ぼく（僕）나, 저 ▶ 남자들이 사용하는 1인칭 대명사 |
| くに（国）나라, 고국 | |
| ひこうき（飛行機）비행기 | ヨーロッパ（Europe）유럽 |
| よやく（予約）예약 | いろいろだ 여러가지이다 |
| いっかげつ（一か月）1개월 | ～て みたいです ～해 보고 싶습니다 |
| りょうきん（料金）요금 | ～さき（～先）～하는 곳, ～처 |
| おうふく（往復）왕복 | きまる（決まる）정해지다, 결정되다 |
| まず 우선 | ほっかいどう（北海道）홋카이도 |
| もの 것, 물건 | さがす（探す）찾다 |
| たくさん 많이 | なんかげつ（何か月）몇 개월 |

## 좋아하는 음식

**牛乳** 우유
<ruby>ぎゅうにゅう</ruby>

**コーヒー** 커피

**アイスクリーム**
아이스크림

**ジュース** 주스

**パン** 빵

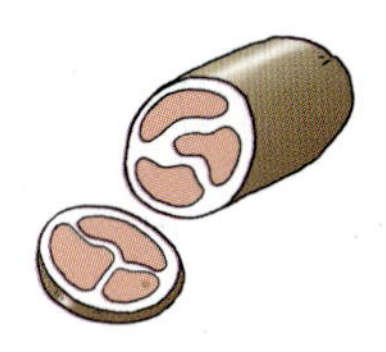

**ハム** 햄

**ハンバーガー**
햄버거

**ステーキ**
스테이크

**チキン** 치킨

**ラーメン** 라면

**ピザ** 피자

**スパゲッティ**
스파게티

**ご飯** 밥
はん

**サンドイッチ**
샌드위치

**スープ** 수프

**サラダ** 샐러드

# 何を　見て　いるんですか。

## Key Expression

1. 何を　見て　いるんですか。
2. きれいに　写って　いますね。
3. キムさんを　知って　いますか。

---

**CD31**

パク　何を　見て　いるんですか。

鈴木　社員旅行の　時の　写真です。

パク　ちょっと　見せて　ください。

　　　みんな　きれいに　写って　いますね。天気は

5　　　よかったですか。

鈴木　ええ、とても　よかったです。

パク　木村さんは　おもしろい　ポーズを　して　いますね。

　　　あら、歌も　歌ったんですか。

鈴木　ええ、みんな　楽しく　歌いました。

パク　お酒も　たくさん　飲んだんですか。

鈴木　ええ、私は　ビールを　5本も　飲みました。
　　　　　　　　　　　　ほん


鈴木　営業部の　キムさんを　知って　いますか。
　　　えいぎょう ぶ　　　　　　し

パク　ええ、よく　知って　います。大学の　後輩です。
　　　　　　　　　　　　　　　　　　こうはい

鈴木　そうですか。

パク　帰りの　バスでは　みんな　眠ったんですね。
　　　　　　　　　　　　　　　ねむ

鈴木　ええ。とても　疲れましたよ。

# Language Focus

**1**

A 何を　見て　いるんですか。

B 社員旅行の　時の　写真です。

① A 何を　読んで　いるんですか。

　 B 友達からの　手紙です。

② A 何を　食べて　いるんですか。

　 B お菓子です。

③ A 何を　作って　いるんですか。

　 B お寿司です。

④ A どこへ　行くんですか。

　 B 郵便局です。

⑤ A 出かけるんですか。

　 B ええ、買い物に　行きます。

⑥ みんな　眠ったんですね。

**2**

A 営業部の　キムさんを　知って　いますか。

B はい、知って　います。

B´ いいえ、知りません。

## 3 きれいに　写って　いますね。

① **静かに**　して　ください。

② 部屋を　**きれいに**　掃除しました。

③ **簡単に**　話します。

## 4 楽しく　歌いました。

① **おいしく**　食べました。

② すこし　**安く**　して　ください。

③ 口を　**大きく**　開けて　ください。

## 5 何本ですか。

| 1本 | 2本 | 3本 | 4本 | 5本 |
|---|---|---|---|---|
| いっぽん | にほん | さんぼん | よんほん | ごほん |
| 6本 | 7本 | 8本 | 9本 | 10本 |
| ろっぽん | ななほん<br>しちほん | はっぽん<br>はちほん | きゅうほん | じゅっぽん |

# Training

**1** 보기와 같이 (　) 안의 단어를 사용하여 질문과 대답을 만들어 보자.

---

**보기**　（見る／旅行の　時の　写真）

　A　何を　見て　いるんですか。

　B　旅行の　時の　写真を　見て　いるんです。

---

① （書く／レポート）

A ___________________________

B ___________________________

② （探す／車の　キー）

A ___________________________

B ___________________________

③ （飲む／ウイスキー）

A ___________________________

B ___________________________

④ （作る／キムチ）

A ___________________________

B ___________________________

⑤（行く／図書館）

A ＿＿＿＿＿＿＿＿＿＿＿＿＿＿＿＿＿＿＿＿

B ＿＿＿＿＿＿＿＿＿＿＿＿＿＿＿＿＿＿＿＿

## 2 （　　）안의 말을 문맥에 맞게 고쳐 보자.

① 部屋を＿＿＿＿＿＿＿＿掃除しました。（きれいだ）

② 私は＿＿＿＿＿＿＿音楽が　好きです。（静かだ）

③ あのう、すこし＿＿＿＿＿＿＿のは　ありませんか。（小さい）

④ ＿＿＿＿＿＿＿食べました。（おいしい）

⑤ ＿＿＿＿＿＿＿して　ください。（静かだ）

⑥ 私たちは　カラオケで＿＿＿＿＿＿＿歌いました。（楽しい）

**3** 짧은글짓기

① 무슨 이야기를 하고 있는 겁니까?

▶ ___________________________________________

② 이건 파티 때의 사진인데, 아주 예쁘게 찍혀 있습니다.

▶ ___________________________________________

③ 우산 하나 주세요.

▶ ___________________________________________

# Kotoba Bank

| | |
|---|---|
| 〜んですか 〜는 것입니까?, 〜는 거예요? | しる（知る） 알다 |
| しゃいん（社員） 사원 | こうはい（後輩） 후배 |
| とき（時） 때 | かえり（帰り） 돌아옴, 돌아올 때, 귀로 |
| みせる（見せる） 보여 주다 | ねむる（眠る） 잠들다, 잠자다 |
| きれいに 예쁘게, 깨끗하게 | おかし（お菓子） 과자 |
| うつる（写る） 찍히다 | おすし（お寿司） 초밥 |
| ポーズ（pose） 포즈, 자세 | つくる（作る） 만들다 |
| あら 어머, 어머나 | かんたんだ（簡単だ） 간단하다 |
| たのしく（楽しく） 즐겁게, 재미있게 | キムチ 김치 |
| ほん・ぼん・ぽん（本） 〜병, 〜자루 | くち（口） 입 |
| ▶ 연필・병 등 길고 가느다란 물건을 셀 때 사용한다. | キー（key） 열쇠 |
| | あける（開ける） 열다, 벌리다 |
| えいぎょうぶ（営業部） 영업부 | なんぼん（何本） 몇 병, 몇 자루 |

# 写真を　撮っても　いいですか。
しゃしん　と

 案内 係　お客さま。すみませんが、展示物に　触らないで
あんないがかり　　　　　　　　　　てん じ ぶつ　　さわ
ください。

田中　あっ、キムさん、絵に　触っては　いけないんですよ。
え

キム　すみません。あのう、写真を　撮っても　いいですか。
と

5　田中　写真は　撮っても　いいですが、ストロボは　使わな
つか
いで　ください。

キム　ストロボを　使っては　いけないんですか。
わかりました。このまま、撮って　みます。

田中　それじゃ、キムさん、私は　先に　出ても　いいですか。
さき

キム　ええ、どうぞ。私も　すぐ　行きます。

店員　あのう、お客さま。すみませんが、ガラスの　上に
　　　お荷物を　置かないで　ください。

田中　あっ、すみません。

　　　あのう、この　絵葉書、ください。

店員　4枚ですね。800円です。

田中　細かいのが　ないんですが、
　　　一万円札でも　いいですか。

店員　ええ、もちろん　けっこうです。

# Language Focus

## 1

A 先に　出ても　いいですか。

B ええ、どうぞ。

① A ここで　たばこを　吸っても　いいですか。

B すみません。ここは　禁煙なんです。

② A もう　すこし　安い　部屋は　ありませんか。

B 駅から　遠くても　いいですか。

③ A ここは　トイレが　共用です。すこし　不便でも

いいですか。

B はい、いいです。

④ A ここに　はんこを　押して　ください。

B サインでも　いいですか。

## 2 動詞의 ない形(否定形)

| 1그룹動詞<br>（5段動詞） | 行く ▶ 行かない（か　き　く　け　こ） |
| --- | --- |
| | 読む ▶ 読まない（ま　み　む　め　も） |
| | 言う ▶ 言わない（わ　　　　　　　を） |
| | 帰る ▶ 帰らない（ら　り　る　れ　ろ） |
| 例外 | ある ▶ ない |

| 2그룹 動詞<br>（上1段動詞<br>下1段動詞） | 見る ▶ 見ない<br><br>起きる ▶ 起きない<br><br>食べる ▶ 食べない<br><br>出る ▶ 出ない |
| --- | --- |
| 3그룹 動詞<br>（カ行変格動詞<br>サ行変格動詞） | 来(く)る ▶ こない<br><br>する ▶ しない |

## 3　展示物に　触ら**ないで**　ください。

① A　お風呂に　入っても　いいですか。
　　B　きょうは　お風呂に　入ら**ないで**　ください。

② これから　お酒を　飲ま**ないで**　ください。

③ ほかの　人には　話さ**ないで**　ください。

④ 芝生に　入ら**ないで**　ください。

##  絵に　触っては　いけないんですよ。

① 図書館で　大きい　声で　話しては　いけません。

② 夜遅く　人の　家へ　電話しては　いけません。

③ ここに　入っては　いけないんですよ。

# Training



**1** 그림을 보고 보기와 같이 질문을 만들어 보자.

보기 

A 写真を　撮っても　いいですか。
B すみません。写真は　ちょっと…。

① 

A ___________________________________
B ええ、どうぞ。

② 

A ___________________________________
B いいえ、お風呂には　入らないで　ください。

③ 

A ___________________________________
B ええ、どうぞ。

④ 

A ___________________________________
B すみません。ここは　禁煙なんです。

**2** 그림을 보고 보기와 같이 금지사항을 말해 보자.

보기 ▶ 大きい　声で　話しては　いけません。

① ▶ _______________

② ▶ _______________

③ ▶ _______________

④ ▶ _______________

**3** 짧은글짓기

① 박물관 안에서는 사진을 찍지 마세요.

▶ _______________

② 오늘 밤에 전화를 해도 괜찮습니까?

▶ _______________

③ 무리를 해서는 안 됩니다.

▶ _______________

| | |
|---|---|
| とる（撮る）찍다 | おにもつ（お荷物）짐 ▶ お는 존경의 뜻 |
| あんない（案内）안내 | 을 나타내는 접두어 |
| かかり（係）~계, 담당, 담당자 | おく（置く）놓다 |
| あんないがかり（案内係）안내담당, 안내 | えはがき（絵葉書）그림엽서 |
| 계 ▶ かかり가 がかり로 발음이 변한다. | ~まい（~枚）~장 ▶ 종이·엽서 등을 셀 |
| ~さま（~様）~님 ▶ さん보다 더욱 존 | 때 사용한다. |
| 경의 뜻을 담고 있다. | こまかい（細かい）잘다, 작다 |
| てんじぶつ（展示物）전시물 | さつ（札）지폐 |
| さわる（触る）만지다, 손을 대다 | もちろん けっこうです 물론 괜찮습니다 |
| え（絵）그림 | きんえん（禁煙）금연 |
| 触っては いけないんですよ 만지면 안 | きょうよう（共用）공용, 같이 사용함 |
| 됩니다 | はんこ 도장 |
| 撮っても いいですか 찍어도 됩니까? | おす（押す）누르다, 찍다 |
| ストロボ（strobe）스트로보, 플래시 | サイン（sign）사인, 서명 |
| このまま 이대로 | とおい（遠い）멀다 |
| さきに（先に）먼저 | ほかの（他の）다른, 그 밖의 |
| ガラス（glass）유리 | しばふ（芝生）잔디밭 |

# 高橋さんも　歌が
（たかはし）（うた）
# 上手ですか。
（じょうず）



CD33　キム　あのう、高橋さん、カラオケに　行きませんか。

高橋　いいですよ。キムさんは、カラオケに　よく　行くんですか。

キム　ええ。歌が　大好きで、私は　週に　2回は　行くんです。
（しゅう）（かい）

木村　高橋さん、キムさんは　歌が　上手ですよ。
（じょうず）

高橋　あ、そうですか。ぜひ　聞いて　みたいですね。
（き）

木村　高橋さんも　歌が　上手ですか。

高橋　いいえ、歌は　好きですが、歌うのは　下手（へた）なんです。

木村　私は　人の　前で　歌うのは　大嫌（だいきら）いなんです。

高橋　でも、きょうは　木村さんも　ぜひ　歌って　ください。

キム　次（つぎ）は　高橋さんですよ。　　　　　　　　　　　　5

高橋　韓国の　歌は　一つも　覚（おぼ）えて　いませんが。

キム　あ、木村さん、さっきから　どうして　黙（だま）って　いるん

　　　ですか。

木村　ちょっと　気分（きぶん）が　悪（わる）いんです。

高橋　飲みすぎですか。　　　　　　　　　　　　　　　　　10

木村　いいえ、朝から　すこし　熱（ねつ）が　あって、体（からだ）が　だる

　　　いんです。

高橋　顔色（かおいろ）も　悪いですね。風邪（かぜ）でしょうか。

木村　そうかも　しれません。

　　　あのう、途中（とちゅう）で　すみませ

　　　んが、きょうは　お先に

　　　失礼（しつれい）します。

高橋　そうですか。

キム　じゃ、お大事（だいじ）に。

# Language Focus

## 1 〜んです의 정리

|  | 肯定 | 否定 |
|---|---|---|
| 名　詞 | 学生なんです | 学生じゃ　ないんです |
| ナ形容詞 | 有名なんです | 有名じゃ　ないんです |
| イ形容詞 | 安いんです | 安く　ないんです |
| 動　詞 | 行くんです | 行かないんです |

## 2

A どうして　黙って　いるんですか。

B ちょっと　気分が　悪いんです。

① A どうして　食べないんですか。

　　B おなかが　痛いんです。

② A どうして　歌わないんですか。

　　B 歌が　下手なんです。

③ A どうして　行かないんですか。

　　B 国から　両親が　来るんです。

④ A どうして　読まないんですか。

　　B あまり　読みたく　ないんです。

**3** キムさんは　歌が　上手ですよ。

① 私は　字が　下手です。

② イーさんは　日本語が　とても　上手です。

③ パクさんは　テニスは　上手ですが、ボウリングは　下手です。

**4** 歌が　大好きで　週に　2回は　行くんです。

① 木村さんは　ハンサムで　女の人に　人気が　あります。

② あの　店は　親切で　いつも　お客さんが　たくさん　います。

**5** 私は　人の　前で　歌うのは　大嫌いなんです。

① 運動を　するのは　体に　いいです。

② 外国語を　習うのは　おもしろいです。

③ 働きながら　勉強するのは　たいへんです。

## 6 何回ですか。

| 1回 | 2回 | 3回 | 4回 | 5回 |
|---|---|---|---|---|
| いっかい | にかい | さんかい | よんかい | ごかい |
| **6回** | **7回** | **8回** | **9回** | |
| ろっかい | ななかい | はっかい | きゅうかい | じゅっかい |

**1** 그림을 보고 질문에 대한 대답을 말해 보자.

 ① A どうして　食べないんですか。

B ___________________________

 ② A 出かけるんですか。

B ___________________________

 ③ A どうして　歌わないんですか。

B ___________________________

 ④ A 帰らないんですか。

B ___________________________

⑤ A どうして　見ないんですか。

B ___________________________

**2** 좌우를 연결하여 문장을 완성해 보자.

① 学校の　勉強が
たいへんで　　　・

② 木村さんは
ハンサムで　　　・

③ 私は　歌が
好きで　　　　　・

④ 字が　下手で　　・

・ⓐ 女の人に　人気が
あります。

・ⓑ アルバイトは
して　いません。

・ⓒ よく　カラオケに
行きます。

・ⓓ 手紙は　書きたく
ありません。

**3** 짧은글짓기

① 하루에 한 번은 밥을 먹습니다.

▶ _______________________________________

② 鈴木 씨는 노래도 잘 하고, 피아노도 잘 칩니다.

▶ _______________________________________

③ 머리가 아픈데요.

▶ _______________________________________

# Kotoba Bank

| | |
|---|---|
| じょうずだ(上手だ) 능숙하다, 잘하다 | のみすぎ(飲みすぎ) 과음 |
| よく 자주, 잘 | ねつ(熱) 열 |
| しゅうに(週に) 일주일에 | からだ(体) 몸 |
| ～かい(～回) ～번, ～회 | だるい 나른하다, 맥이 없다 |
| ぜひ 꼭, 반드시 | かおいろ(顔色) 얼굴색, 안색 |
| へただ(下手だ) 서툴다, 능숙하지 못하다 | かぜ(風邪) 감기 |
| ～なんです ～입니다, ～합니다 | とちゅう(途中) 도중 |
| だいきらいだ(大嫌いだ) 아주 싫어하다 | おさきに(お先に) 먼저 |
| おぼえる(覚える) 외우다 | しつれいする(失礼する) 실례하다 |
| さっきから 아까부터 | おだいじに(お大事に) 몸조심하세요 |
| どうして 왜 | いたい(痛い) 아프다 |
| だまる(黙る) 잠자코 있다, 입을 다물다 | じ(字) 글씨, 글자 |
| きぶん(気分) 건강상태, 컨디션 | にんき(人気) 인기 |
| わるい(悪い) 나쁘다 | がいこくご(外国語) 외국어 |

# 26

# 店は　きれいだったが、<br>そばは　おいしく　なかった。



**CD34**　7月　20日

毎日、蒸し暑い　日が　続いて　いる。

きょうは　留学生の　イーさんと　いっしょに　プールへ　行った。

プールは　人で　いっぱいだった。

イーさんは、中学生の　時、水泳の　選手だった。

だから　水泳が　とても　上手だ。

ぼくたちは　1時間ぐらい　泳いで、12時半ごろ　プールを

出た。外は　暑かった。

おなかが　すいて、近くの　そば屋で　そばを　食べた。

店は　きれいだったが、そばは　あまり　おいしく

なかった。

あしたは　旅行に　行った　弟が　帰ってくると　思う。

## 7月 21日

アルバイトの　帰りに　ハンさんに

会った。

彼女は　韓国から　来た　留学生だ。

今　日本文学を　専攻して　いる。

ぼくたちは　近くの　居酒屋で

生ビールを　飲んだ。

飲みながら、日本と　韓国に　ついて、いろいろな　話を

した。

彼女は　頭が　よくて、ファッションセンスも　いい。

ぼくは　そんな　タイプの　女の子が　好きだ。

いっしょに　ディズニーランドへ　行く　約束を　した。

# Language Focus

## 1　です・ます体와 普通体

### ① 현재형

| | です・ます体 | 普通体 |
|---|---|---|
| 名　　詞 | 彼女は　留学生です | 彼女は　留学生だ |
| ナ形容詞 | 水泳が　上手です | 水泳が　上手だ |
| イ形容詞 | きょうも　暑いです | きょうも　暑い |
| 動　　詞 | 弟が　帰ってきます | 弟が　帰ってくる |

*동사의 경우는 현재 또는 미래를 나타낸다.

### ② 과거형

| | です・ます体 | 普通体 |
|---|---|---|
| 名　　詞 | 水泳の　選手でした | 水泳の　選手だった |
| ナ形容詞 | 店は　きれいでした | 店は　きれいだった |
| イ形容詞 | 外は　暑かったです | 外は　暑かった |
| 動　　詞 | 話を　しました | 話を　した |

## 2　おなかが　すいて　そばを　食べた。

① 遅れて　すみません。

② きょうは　朝寝坊を　して　学校に　遅れた。

③ 風邪を　ひいて　会社を　休みました。

**3**　彼女は　韓国から　きた　留学生だ。

① これは　日本で　撮った　写真です。

② これが　私が　作った　スカートです。

③ きょうは　私が　生まれた　日だ。


**4**　留学生の　イーさんと　いっしょに　プールへ　行った。

① 紹介します。妹の　ともこです。

② 社長の　鈴木です。どうぞ　よろしく。

**1** 보기와 같이 です・ます体의 문장을 普通体의 문장으로 바꿔 보자.

보기　デザインを　専攻して　います。
　　　　▶ <u>デザインを　専攻して　いる。</u>

① テニスが　上手です。

　▶ ________________________________

② 友達と　いっしょに　プールへ　行きました。

　▶ ________________________________

③ すしは　あまり　おいしく　ありませんでした。

　▶ ________________________________

④ イーさんは　水泳の　選手でした。

　▶ ________________________________

**2** 보기와 같이 두 문장을 한 문장으로 만들어 보자.

보기　彼女は　韓国から　来ました。彼女は　留学生です。
　　　　▶ <u>彼女は　韓国から　来た　留学生です。</u>

① ディズニーランドで　写真を　撮りました。これが
　　その　写真です。

　　▶ ＿＿＿＿＿＿＿＿＿＿＿＿＿＿＿＿＿＿＿＿＿＿＿＿

② 私は　スカートを　作りました。これが　その　スカー
　　トです。

　　▶ ＿＿＿＿＿＿＿＿＿＿＿＿＿＿＿＿＿＿＿＿＿＿＿＿

③ 弟が　旅行に　行きました。弟が　帰ってきます。

　　▶ ＿＿＿＿＿＿＿＿＿＿＿＿＿＿＿＿＿＿＿＿＿＿＿＿

**3** 좌우를 연결하여 문장을 완성해 보자.

① 夜、遅くまで　　　・　　　・ ⓐ 学校を　休みました。
　　仕事を　して

② 風邪を　ひいて　・　　　・ ⓑ パンを　食べました。

③ 遅れて　　　　　・　　　・ ⓒ 疲れました。

④ おなかが　すいて・　　　・ ⓓ すみません。

**4** 짧은글짓기

① 그녀가 가지고 온 케이크는 예뻤지만 맛이 없었다.

▶ ________________________________________

② 아까 도서관에서 만난 멋있는 남자애는 누구입니까?

▶ ________________________________________

③ 피곤해서 늦잠을 잤어요.

▶ ________________________________________

| | |
|---|---|
| そば 메밀국수 | なまビール(生beer) 생맥주 |
| メモ(memo) 메모 | ～に ついて ～에 대하여 |
| むしあつい(蒸し暑い) 무덥다 | あたま(頭) 머리 |
| つづく(続く) 계속되다 | ファッションセンス(fashion sense) |
| プール(pool) 수영장 | 패션감각 |
| ちゅうがくせい(中学生) 중학생 | タイプ(type) 타입, 형 |
| すいえい(水泳) 수영 | おんなのこ(女の子) 여자아이 |
| せんしゅ(選手) 선수 | ディズニーランド(Disney Land) 디즈니 |
| だから 그러므로, 그래서 | 랜드 |
| そと(外) 밖 | おくれる(遅れる) 늦다 |
| そばや(そば屋) 메밀국수 가게 | あさねぼう(朝寝坊) 늦잠 |
| かえってくる(帰ってくる) 돌아오다 | 朝寝坊を する 늦잠을 자다 |
| りゅうがくせい(留学生) 유학생 | かぜを ひく(風邪を ひく) 감기 들다, |
| にほんぶんがく(日本文学) 일본문학 | 감기 걸리다 |
| いざかや(居酒屋) 선술집 | しょうかいする(紹介する) 소개하다 |

# 조사 정리 제14과～제26과

| | | |
|---|---|---|
| **1** も | ～도 | ・何も　買いませんでした。 |
| **2** から | ～에서부터 | ・部屋からの　けしきは　すばらしかったです。 |
| **3** で | ～으로 | ・海は　人で　いっぱいでした。 |
| | ～에 | ・後で　いただきます。 |
| | ～(으)로 | ・大きい　声で　話して　います。 |
| | ～에 | ・往復で　3万円です。 |
| | ～에 | ・途中で　すみませんが、お先に　失礼します。 |
| **4** に | ～하러 | ・食事に　行きます。 |
| | ～(으)로 | ・私は　ハンバーガーに　します。 |
| | ～을, ～를 | ・地下鉄に　乗って　ください。 |
| | ～을, ～를 | ・友達に　会いたいです。 |
| | ～을, ～에 | ・絵に　触らないで　ください。 |
| **5** ね | ～지요? | ・Ａ：ソウル駅で　降りて　ください。<br>Ｂ：ソウル駅ですね。 |
| **6** よ | ～이에요 | ・Ａ：あの　人は　だれですか。<br>Ｂ：あの　人は　林さんですよ。 |
| **7** が | ～이, ～가 | ・時間が　ほしいです。 |
| | ～을, ～를 | ・水が　飲みたいです。 |
| | ～을, ～를 | ・キムさんは　歌が　上手です。 |

| 8 でも | ~라도 | ・ボウリングでも　しませんか。 |
|---|---|---|
| 9 の | ~것 | ・人の　前で　歌うのは　嫌いです。 |

# 복습문제 제14과～제26과

**1**　□ 안에 알맞은 조사를 써 넣어 보자.

① すみません。絵 □ 　触らないで　ください。

② 働きながら　勉強する □ は　たいへんです。

③ コーヒー □ □ 　飲みませんか。

④ イーさんは　水泳 □ 　上手です。

⑤ シルクの　ブラウス □ 　ほしいです。

⑥ 早く　家族 □ 　会いたいです。

⑦ きょうの　午後　デパートへ　買い物 □ 　行きました。

⑧ A　何 □ 　しますか。

　　B　カレーライス □ 　します 。

⑨ みんな　バス □ 　乗って　ください。

⑩ 大きい　声 □ 　話さないで　ください。

⑪ それじゃ、後 □ 　また　電話します。

⑫ A　この　人が　鈴木さんですか。

　　B　いいえ、鈴木さんは　この　人です □ 。

## 2 (　) 안의 단어를 활용하여 문장을 완성해 보자.

① A　何か　買いましたか。(買う)

　 B　いいえ、何も＿＿＿＿＿＿＿＿＿＿＿＿。

② A　きのうの　パーティーは＿＿＿＿＿＿＿＿。

　 （楽しい）

　 B　いいえ、あまり＿＿＿＿＿＿＿＿＿＿＿。

③ A　天気は　どうでしたか。(よい)

　 B　とても＿＿＿＿＿＿＿＿＿＿＿＿＿＿。

④ A　交通は　便利でしたか。(不便)

　 B　いいえ、＿＿＿＿＿＿＿＿＿＿＿＿＿。

⑤ ＿＿＿＿＿＿に　来て　ください。(遊ぶ)

⑥ 雨の　日は　どこへも＿＿＿＿＿＿ありません。(行く)

⑦ お客さんを　迎えに　ターミナルに＿＿＿＿＿予定です。

　 （行く）

⑧ 疲れましたね。すこし＿＿＿＿＿ましょうか。(休む)

⑨ お風呂に＿＿＿＿＿ビールを＿＿＿＿＿寝ました。

　 （入る, 飲む）

⑩ お茶でも＿＿＿＿＿＿ませんか。(飲む)

⑪ ちょっと＿＿＿＿＿＿ください。(待つ)

⑫ 私は　大阪に＿＿＿＿＿＿います。(住む)

⑬ めがねを＿＿＿＿＿＿いる　人は　だれですか。(かける)

⑭ テレビを＿＿＿＿＿＿ながら　ご飯を　食べて　います。
（見る）

⑮ Ａ　もう　来て　いますか。
　　Ｂ　いいえ、まだ＿＿＿＿＿＿＿＿＿＿＿＿＿＿。(来る)

⑯ 何を＿＿＿＿＿＿いるんですか。(飲む)

⑰ Ａ　パクさんを＿＿＿＿＿＿＿＿＿＿＿＿＿。(知る)
　　Ｂ　いいえ、＿＿＿＿＿＿＿＿＿＿＿＿＿＿＿＿。

⑱ 高いですね。すこし＿＿＿＿＿＿して　ください。(安い)

⑲ 部屋を＿＿＿＿＿＿掃除しました。(きれい)

⑳ ここで　たばこを＿＿＿＿＿＿いいですか。(吸う)

㉑ 中に＿＿＿＿＿＿ないで　ください。(入る)

㉒ 絵に＿＿＿＿＿＿いけません。(触る)

㉓ アメリカへ＿＿＿＿＿＿みたいです。(行く)

㉔ A どうして＿＿＿＿んですか。(読む)

　 B おもしろく　ないんです。

㉕ A 彼は＿＿＿＿でしょうか。(来る)

　 B いいえ、来ると　思います。

* 1·2과(발음과 문자 편)의 단어가 3과 이후에 다시 나올 때, 같은 단어가 다른 뜻으로 사용될 때에는 그 페이지를 모두 표기하였다.

▶감수자

**今井幹夫**(이마이 미키오)
언어학자, (전)일본 도쿄 센다가야일본어교육연구소 소장
일본어를 비교언어학적으로 비교·분석·체계화시킨
Scientific Direct Method의 창안자
저서: 『Comprehensive Japanese: わかる日本語』

▶공저자

**三木寿々恵**(미키 스즈에)
日本女子大学 졸업
日本 国書刊行会／国書日本語学校 강사

**佐藤丈夫**(사토 다케오)
日本 早稲田大学·미국 UCLA大学院석사과정 수료
日本 国書刊行会／国書日本語学校 이사장

**中原理沙**(나카하라 리사)
日本 志學館大学 졸업
中国 瀋陽大学 일본어 전임강사

**박정희**
日本 東京外国語大学 日本語学科 졸업
일본어 전임강사

**송미혜**
日本 東京外国語大学 日本語学科 졸업
(전)시사일본어사 편집부장 겸 출판감독

▶일러스트    김영랑 · 八幡恵美子(야하타 에미코)

# NEW **TOP** JAPANESE 1


| | |
|---|---|
| 초판발행 | 1995년 1월 27일 |
| 1차개정판 발행 | 2003년 6월 30일 |
| 2차개정판 19쇄 | 2022년 10월 20일 |

| | |
|---|---|
| 저자 | 三木寿々恵・佐藤丈夫・中原理沙・박정희・송미혜 |
| 책임 편집 | 조은형, 무라야마 토시오, 김성은, 손영은 |
| 펴낸이 | 엄태상 |
| 마케팅 | 이승욱, 왕성석, 노원준, 조성민, 이선민 |
| 경영기획 | 조성근, 최성훈, 정다운, 김다미, 최수진, 오희연 |
| 물류 | 정종진, 윤덕현, 신승진, 구윤주 |

| | |
|---|---|
| 펴낸곳 | 시사일본어사(시사북스) |
| 주소 | 서울시 종로구 자하문로 300 시사빌딩 |
| 주문 및 교재 문의 | 1588-1582 |
| 팩스 | 0502-989-9592 |
| 홈페이지 | www.sisabooks.com |
| 이메일 | book_japanese@sisadream.com |
| 등록일자 | 1977년 12월 24일 |
| 등록번호 | 제 300-2014-92호 |

ISBN  978-89-402-7224-4 18730
      978-89-402-0635-5 18730[set]